想像으로 보는 성경
상   상

김 용 호 著

이화문화출판사

상상으로 보는 성경

남의 책을 읽는데 시간을 보내라,
남이 고생한 것에 의해 자기를 개선할 수가 있다.

        – 소크라테스 –

지식보다는 상상력이 더 중요하다 지식은 한계가 있지만
상상력은 우주를 품고도 남는다.

        – 아인슈타인 –

살리는 것은 영이니 육은 무익하니라.
내가 너희에게 이른 말이 영이요 생명이라.

        – 예수 (요 6:63) –

먹는 자에게서 먹는 것이 나오고
강한 자에게서 단 것이 나왔느니라.

        – 삼손 (삿 14:14) –

CONTENT

Prologue 프롤로그

성경은 읽고 또 읽어도 돌아서면 곧 잊어버리게 된다.

그래서 성경의 내용을 암기도 하고 메모도 하고 한 때는 미친듯이 읽고 암송하는 시간을 보내기도 했었다.

그러나 얼마의 시간이 흐르면 또 잊어버리고는 처음부터 다시 성경을 읽어야 하는 막막한 세월을 보냈다.

그러던 어느 날 대학 축제 때 학술강연을 통해 성경속독을 우연히 알게 되었다.

이 때부터 성경다독에 빠져들기 시작하여 30년이 지나 지금에 이르게 되었다.

그 후 속독 강사의 학원에서 몇 개월 동안 성경속독을 수강하였고, 성경속독을 700독이나 하였으나 결국은 뜻을 접고 포기하게 되었다.

그렇게 통한의 세월 20여 년을 보내던 어느 날 성경속독을 다시 시작하게 된 계기가 있었다. 20여 년 동안 잊고 지냈던 성경속독을 다시 시작하게 되면서 그 전에 실패했던 경험을 되살려 실패의 원인을 분석하여 내게 맞는 방법과 원칙을 가지고 훈련을 하게 되었다.

이렇게 철저하게 원칙을 세워서 내게 맞는 훈련으로 시작한 결과 놀라운 변화가 일어났다.

신·구약 성경을 3,000독을 하게 되었을 때 비로소 성경의 글씨들이 움직이는 것을 느꼈고, 그 뜻이 눈에 들어오면서, 그 내용들이 이해 되기 시작하였다.
그렇게 빨리 성경을(신·구약 3분 안에) 넘기는데도 성경의 글씨들이 이해가 되기 시작했을 때의 그 감격은 이루 말할 수 없는 큰 기쁨으로 다가왔다.

이러한 미증유未曾有의 길을 홀로 걸으며, 외로움과 고통의 시간을 보낸 사람만이 그 감격과 그 기쁨을 알 수 있으리라.
지금 내가 성경과 조우遭遇하는 단계에 있다고 한다면 그것은 교만일 것이다.

다만 그렇게 느껴지고 그런 경지에 가까워지고 있다는 기쁨에 이 놈의 고약한 성급함이 다시 펜을 들어 이 책을 집필하게 되었다.

상상想像의 독서에 대한 나름의 깨달음에 관한 이야기들을 지금 시작할까 한다.

다만 이 글을 쓰는 나의 작은 바램이 있다면…

조그만 시골 동네 사람들이 새벽에 홰 치는 한 마리 수탉의 울음소리에 깨어나 자연스레 하루 일과를 시작하듯, 이 책을 읽는 이가 성경에 대하여 다시 한 번 생각하는 계기가 된다면 그것으로 내게 주신 소명은 다했다고 감히 생각하고자 한다.

2016. 1. 10 제주시 도평리에서

성경상상다독훈련원

원장 김 용 호

1. 작은 두루마리 책을 먹으라

(계 10:1-11)

사도 요한은 밧모 섬에서 놀라운 일을 경험한다. 하늘에서 소리가 나기를 바다와 땅을 발로 밟고 서 있는 천사에게 가서 '작은 책'을 가지라는 우렁찬 소리를 하늘로부터 명령을 받게 된다. (계 10:8)

그리하여 요한이 천사에게 가서 하늘에서 들려온대로 하니 천사가 그 작은 책을 주며 이런 말을 한다.

"갖다 먹어버리라. 네 배에는 쓰나 네 입에는 꿀 같이 달리라." (계 10:9)

요한은 그 책을 가지고 가서 먹어버리니 천사의 말처럼 내 입에는 꿀 같이 다나 배에서는 쓰게 되었다고 고백하였다.

이 놀라운 경험을 하게 된 요한에게 다시 두 번째 명령인 새로운 사명을 받게 된다.

이 사건은 비단 요한이 겪는 개인적인 사건이 아니라 모든 그리스도인들이 받아야 되는 공통적인 선교적 대사명이다.

하늘에서 요한에게 천사의 손에 들려 있는 책을 가지라고 한 것은 그 책의 소유권이 천사들에게 있는 것이 아니라 바로 인간들에게 그 소유권이 있음을 의미하는 것인 동시에 그 책을 반드시 먹고 소화해야 함을 의미한다.

사도 요한은 이 책을 먹고 완전히 소화하여 천사로부터 새로운 사명을 듣게 된다.

"많은 백성과 나라와 방언과 임금에게 다시 예언하여야 하리라." (계 10:11)

우리들에게 있어 이 두루마리 책이란?

우리가 한 권씩은 가지고 있는 성경책(*The Bible*)이 바로 그 두루마리 책이다.

요한은 이 책을 천사가 시키는 대로 먹고 소화시켜 입에서는 달고 배에서는 쓰게 되는 경험을 새롭게 함으로 새로운 소명을 받았다.

그러나 태반의 그리스도인들은 아직도 이 책을 어떻게 먹어야 할지를 모르고 혼돈과 흑암의 어둠 속에서 깨어나지 못하고 있다.

그저 한 해에 혹은 몇 번 정도의 성경을 읽는 데에 그칠 뿐 그것을 요한 사도처럼 먹고 소화해내어 입에서는 달고 배에서는 쓰게 되는 경험을 하지 못하고 있다.

구약 성경에서의 욥은, 인간으로서는 가장 혹독한 시련과 시험을 통과한 후에야 비로소 이렇게 고백하고 있다.

"내가 주께 대하여 귀로 듣기만 하였더니 이제는 눈으로 주를 보나이다." (욥 42:5)

그렇다. 하나님에 대한 존재에 대해서 귀로 듣는 수준에서 한 단계 업그레이드한 것이 바로 눈으로 보고 깨우치는 단계이다.

우리는 성경을 그 동안 먹지도 못하고 더구나 먹어도 소화해내지 못하여 그저 귀로만 듣는 종교에 묶여 백주白晝에 맹인처럼 더듬거리며 나름의 신神을 상상하여 만들어 놓고 자신의 신이 가장 위대한 하나님이라고 우긴 격이다.

그러나 사도 요한은 이 작은 책을 천사에게 그 소유권을 넘겨 받아 그것을 받아 먹음으로 천사보다도 사람이 한 단계 우위임을 보여 주었고, 또 그 책을 먹고 소화함으로써 또 다른 새로운 사명을 부여 받게 되었다.

이제 우리도 요한처럼 이 작은 책을 순간에 먹고 소화해야 하는 지극히 당연한 과제와 소명을 부여 받았다.

물론 성경을 한 줄 한 줄 자세히 보아 연구도 하고 외우기도 해야 하겠지만 이제부터는 찬송과 기도와 땀으로 싸워 '눈으로 주를 뵈옵나이다' (욥 42:5하) 하는 '욥의 체험'을 상상력의 에너지(능력)로 경험을 해야 한다.

그러므로 이 작은 책을 갖다 먹고 소화해내자. 그런 후에야 비로소 하나님의 얼굴과 음성을 듣고 보는 경험을 하게 되리라.

그러면 어떻게 하면 이 작은 책을 순식간에 먹고 소화할 수 있을까?

먹는다는 행위는 '본다'는 행위이자 깨닫는다는 행위요, 또한 행동으로 실천한다는 의미이다.

성경을 읽을 때는 다음 두 가지의 사건이 동시에 일어나야 한다.
첫째 - 입에서는 달아야 한다. (말씀을 듣고 깨닫는 것)
둘째 - 배에서는 쓰게 되어야 한다. (깨달은 말씀으로 행하는 것)

그러나 우리가 성경을 정독하고 여럿이 모여 통독을 하여도 요한이 경험한 사건, 즉 "입에서는 달고, 배에서는 쓰게" 되었던 감격과 기쁨은 경험하지 못한다.

그래서 이제부터는 이 작은 책을 먹기 위한 준비로 자신과, 시간과 속도, 그리고 무지와의 치열한 전투를 벌여 성경을 읽는 행위를 먹는 행위로 달리 해서 읽어 보자.

우리의 위대한 선조들은 이렇게 자신과 시간, 그리고 무지와의 싸움에서 싸워 승리한 결과, 토착 종교와 샤머니즘의 두려운 착고着錮에서 벗어나 하나님을 만났다.

우리들도 요한처럼, 성경을 읽고 깨달으며 자신의 생각과 행동을 깨끗하게 하는 진리의 사람으로 환골탈태換骨脫兌 하여야 한다.

이것이 성경을 인류에게 준 하나님의 뜻인 것이다.

2. 상상력想像力이란 무엇인가

상想이라는 의미를 먼저 정의政議하고 이 이야기를 시작하고자 한다.

상想이란? 나무 목木과 눈 목目과 그리고 마음 심心이 복합된 글자를 상想이라는 의미로 나타낸다.

그러면 나무 목인 이 한자 목木을 보면 열 십十 자와 사람 인人 자가 있는 글로서, 십자가에 사람이 달려 있는 것이 나무 목木이며, 십자가에 달린 그 의로운 사람이 서주의 나무에 매달릴 때 비로소 인류를 구원하는 사건이 온다는 메시지가 이미 인간이 소통하는 글에 계시되었다.

인류는 '저주받은 사람'이 이 나무木에 달려 죽은 그 사람을 눈目으로 바라보고 마음心속으로 믿을 때 비로소 그것이 온전한 상想이 이루어진다. 그런 후에 구원을 이루는 마음의 상想, 상상想像의 상이 완성된다.

이렇게 온전한 하나의 상想이 계속해서 마음속에 각인이 되면 비로소 형상 상像(코끼리상)이 생기고 그것들이 완전한 반석 위에서 세워져 틀을 갖춘 것이 상상력想像力이 된다.

사람이 상상하기 시작하면, 그 시간부터 상상력想像力이라는 힘(능력)을 경험하게 된다. 이렇게 상상 이상의 힘(능력)이라는 것을 경험하게 되면, 우리는 지금껏 닫혀 있고 막혀 있던 새로운 세계를 깨닫게 된다.

이렇게 새로운 힘이 생성되어 탄력이 붙으면, 성경의 산을 넘고 그 속에서 벌어진 이야기들을 현장에서 보는 듯한 사실적인 경험을 통해서 비로소 성경의 비밀을 깨닫게 된다.

이것이 바로 이 책에서 이야기하고자 하는 '성경상상다독법聖經想像多讀法'이다.

이러한 새로운 능력, 즉 파워를 갖기 위해서 상상想像력으로 성경을 보는 훈련을 해야 한다. 이렇게 상想의 모습이 마음心으로 들어올 때까지 바라보는 훈련이 상상想像의 훈련 방법이다.

이 상상력은 다독多讀을 통하여 속도를 낼 때에 그 에너지가 발생하게 되고 그 힘이 자연스럽게 우리의 뇌 속에서 창의적인 풍요로운 힘을 갖게 하여 주는 것이 바로 상상력想像力의 힘이다.

저자는 이러한 어떤 훈련을 통하여 상상력의 힘을 경험하게 되었고, 어떻게 성경다독多讀에 유용하게 되었는가에 대한 이야기들을 솔직담백하게 소개하고자 이 책을 쓰게 되었다.

그러므로 이 책은 에세이 식 전개를 시도하였으니 독자 여러분께서는 친한 벗의 이야기를 듣는다는 마음으로 경청하여 주시면 이 글을 이해하는데 도움이 되리라 생각한다.

3. 상상력想像力을 키우라

상상력想像力은 신神의 영역領域이다. 이러한 기능은 식물이나 동물에게는 없는 신적神的이고 영적靈的인 기능이다.

이것을 인간이 소유하고 있다는 그 자체가 바로 인간들이 하나님의 자녀라는 단적인 좋은 증거이기도 하다.

인류가 원시 세계와 무속巫俗과 무지無知의 어둠 속에서 진리의 밝은 세상으로 나올 수 있었던 것은 바로 이 상상想像하는 능력(힘)이 있었기 때문이다.

인류는 이 힘을 키워왔고 그리고 개혁가들이 용기와 모험 정신으로 실험을 하여 마침내 그 혜택을 현대인들이 누리고 있다.

인류는 점점 더 발전하게 되어 있다. 왜냐하면 인간의 상상력은 점점 더 성장하고 발전하기 때문이다.

상상력이 훈련과 노력으로 발전할 수 있다는 것은 역사가 증명하고 있다. 그러므로 우리는 이 상상력을 자극하며 훈련을 통하여 키워야 한다.
상상하지 않으면 꿈도 소망도 비전도 없는 어둠의 세계로 다시 추락하고 만다.

인류가 도서관을 생각해내고 그들의 지식과 생각과 역사를 보존하여 연구하기 시작할 때부터 원시 세계와 무속의 공포와 무지의 현실에서 탈피할 수 있었다.

상상을 제한하고 언어와 행위를 금지시킬 때 문명은 언제든지 어둠 속으로 사라지고 사람들은 다시 원시사회原始社會로 전락하게 된다.

어떤 사회를 통제하고 상상력과 언어를 통제하였을 때 그 사회가 어떻게 되는가는 지나온 세계의 역사가 증명하고 있고, 무엇보다 공산주의자들과 독재 사회인 북한을 보면 확연히 알 수 있다.

상상력의 자유는 그야말로 언어와 종교와 사상의 자유이며, 그에 따라 인간의 사회가 무한대로 발전 가능한 것이다.

우리 시대의 문화와 과학과 사회의 최첨단에서 앞서가는 그들은 누구인가? 그들은 하나 같이 상상하는 괴짜였고 그 같은 이들이 있었기에 우리 사회는 발전할 수 있었다.

이를테면 아인슈타인, 에디슨, 라이트 형제, 스티브 잡스 등의 몽상가들이 계속해서 꿈을 꾸고 상상하고 실현하면서 사회의 냉대와 비난을 감수한 덕택에 21세기의 문명은 가히 폭발적이라 할 만큼 변화하고 발전하게 된 것이다.

그 시대의 사람들이 얼마나 상상하고 꿈을 꾸며 모험을 감수하느냐에 따라 그 사회와 문화가 발전하는 것은 분명하다.

상상력想像力은 그렇게 키워지는 것이다. 누군가가 상상을 하고 그것을 행동으로 생각을 실천에 옮기면서 꿈을 꿀 때 비로소 지식이 생기고 그것이 실패를 통해서 축적되고 경험이 되어 살아 있는 지식이 된다.

상상하기 위해서는 그저 꿈만 꾸어서는 안 된다. 꿈은 현실 속에서 검증되어야 하고 상상력은 축적된 문화와 지식知識의 기반 위에서 실현될 때에 비로소 현실이 된다.

상상력을 키우기 위한 환경이 최적화되기 위해서 지도자들은 과감히 개혁과 소통의 사회로 변화시키는데 그 역량을 발휘해야 한다.

무한한 능력을 발휘하게 하는 상상력을 키우기 위해서 어떻게 해야 하는지가 바로 이 책의 주제이며 내가 하고 싶은 이야기이다.
'어떤 방법으로 상상력을 배양하면서 무엇을 깨우치고 노력을 얼마나 해야 하는가'에 대한 저자의 생각을 이제부터 각 주제에 따라서 이야기할 것이다.

4. 성경의 파도

성경 속에는 많은 바다와 강이 소개되고 있다. 그 강과 바다 속에서 광풍이 불어 많은 사람들이 바다에 수장되어 죽는 사건들이 소개되어 있다.

비록 성경 속에서 일어나는 파도이지만 그 파도로 인해 성경의 주인공들은 검증을 받고, 더욱 새롭게 거듭나는 경험을 하지만 어떤 이들은 그 파도에 휩쓸려 죽음을 당하였다.

그러므로 성경 속에서 밀려오는 파도를 넘어 거듭나고 변화하면서 어떻게 하나님의 일을 하느냐에 대하여 생각해 보기로 하자.

'사도행전 27:14-22'에서 사도 바울은 그가 탄 배에 유라굴라 라고 하는 광풍狂風을 만나 배 안의 죄수들과 승무원들이 모두가 죽게 되었다.

그 '유라굴라'라고 하는 광풍으로 인하여 바울의 존재가 부각되고 그의 존재로 인하여 바울의 역할이 중요한 자리매김으로 미션을 완성할 수 있었다.

어떻게 사도 바울은 모든 사람들이 두려워하고 무서워하는 유라굴라의 광풍을 두려워하지도 않고 그 위험을 당당하게 이겨냈을까?

그는 그 폭풍의 와중에도 선두船頭에 서서 이렇게 외치고 있다.

"나의 속한 바 곧 나의 섬기는 하나님의 사자가 어제 밤에 내 곁에 서서 말하되 바울아 두려워 말라.
네가 가이사의 앞에 서야 하겠고 또 하나님께서 너와 함께 행선하는 자를 다 네게 주셨다 하였으니 그러므로 여러분이여 안심하라 나는 내게 말씀하신 그대로 되리라고 하나님을 믿노라." (행 27:23-25)

사도 바울은 폭풍 속에서 하나님의 음성을 들었고, 그리고 그대로 되리라는 확신과 믿음으로 '유라굴라'라고 하는 광풍을 당당히 맞서 싸워 이겨냈다.

'성경의 파도를 넘어서…'라고 하는 말은 우리가 성경을 읽고 깨닫기 위해서는 성경 속에서 불어 오는 광풍 같은 파도를 반드시 넘어서야 한다는 의미이다.

저자는 수 없는 밤을 새워가며 성경을 넘기고 있을 때 수많은 생각과 잡념들과 심지어 육체의 연약함에서 밀려오는 피곤과 싸우지 않으면 안 되었다.

몸이 피곤하면 쉬어가며 조절하였고, 눈이 피곤하고 팔이 아파서 통증이 올 때는 찜질과 샤워를 하면서 풀었지만, 내 마음 속에서 불어 오는 잡념과 온갖 부정적인 회유는 정말 감당하기 힘들었다.

그때 그 잡념과 부정적인 야유, '너는 안 된다'를 물리치기 위해서 '찬송과 기도 심지어 주기도문과 사도신경, 그리고 방언 기도'를 하면서 이러한 부정적인 생각과 싸워야 했다.

좌절과 실의와 무력감이 몰려올 때도 끊임없이 기도로 매달리며 '성경상상다독'을 게을리 하거나 포기하지 않았다.

이렇게 하여 500독, 1,000독, 2,000독, 3,000독을 돌파하여 나갈 때 그때부터 놀라운 일들이 나의 몸 안에서, 나의 눈의 시각視覺에서 생기기 시작하였다.

가장 빠른 스피드(신·구약 성경을 3분 동안에 넘기는 것)로 하루 10독을 목표로 하는데 어느 날 성경의 글들이 눈에 들어오면서 그 글자의 뜻이 나의 뇌 속에서 자동적으로 이해가 되면서 성경의 인물들과 대화를 하고 있는 자신을 발견하게 되었다. 성경의 인물들의 얼굴이 선명하게 나타나면서 그들의 표정을 느낄 수 있었고 심지어 그들의 은밀한 대화도 엿듣게 되었다.

성경에는 기록되지 않는 그들의 수많은 대화와 글로서는 표현할 수 없는 몸짓 언어가 숨겨져 있다.
또한 그들의 고민과 울부짖음, 통곡소리, 절규, 그리고 기쁨과 찬양소리도 짧게 스치고 지나가는 소리와 음성들이 비트beat처럼 내 귀에 감지感知되게 되었다.

그 순간 나는 얼마나 놀라고 감격스러웠던지 그 기쁨과 감격을 말로 다 설명을 할 수가 없었다.

초음파가 사람의 귀에는 들리지 않는 것처럼 성경의 언어와 소리가 상상할 수 없이 많음을 이해하게 되었다. 그리고 그 사건이 있은 후 13년 만에 처음으로 이 책을 공개하게 되었다.

이제는 성경을 3분에 1독을 하는 것이 아니라 5분에 100독을 독파하는 "성경상상다독법"을 소개하고자 한다.

과연 그것이 가능할까? 만일 그것이 불가능하다면 이렇게 책까지 써가면서 소개할 수 있었겠는가?
이제 차근차근 저자의 하는 이야기를 들으며 세상에서 가장 아름답고, 가장 높고, 가장 깊은 "성경의 산"을 따라 올라 정상에 올라가 보자.

"성경상상다독법"을 연마하기 위해서 반드시 넘어야 할 파도가 바로 이 "성경 속에서 불어오는 광풍狂風"일 것이다.

자칫 실수하거나 자만하다가는 마귀의 꼬임에 넘어가 교주가 되고, 사이비가 되며, 자칭 어린 양이 되고, 자칭 메시아가 되어 버린다.

어떤 이는 일찌감치 포기를 선언하고, 어떤 이는 중도에 하차를 하고, 어떤 이는 실패자가 되어 그렇고 그런 삼류 인생을 살기도 한다.

그러나 성경 속에서 몰아쳐 오는 파도를 넘으면, 사도 바울처럼 남도 살리고 자신도 검증되어 하나님의 사람으로서 승리한다.

자, 이제 성경의 파도를 넘을 준비가 되었는가?

그럼 시작해 보자….

4. 빛의 속도

아인슈타인의 상대성 이론에서 E는 에너지, M은 질량, C²
는 진공 속의 빛의 속도의 제곱을 나타낸다. 1㎏의 질량을
가진 물체가 정지 상태일 때 가지고 있는 에너지는 무려 다
이너마이트*TNT* 21.48076431 메가톤과 동등*한 것이다.

이 지구 상에서 물리학자 알프레드 노벨이 발명한 다이너
마이트의 힘이 가장 강력했을 때, 그것이 돌과 산을 무너뜨
리면서 세상의 지축을 흔들었다. 이 에너지로 인하여 인류의

---

* 예를 들면, 1g의 물질이 전체 질량을 발산시킬 수 있다고 가정해보자.
아인슈타인의 상대성 이론에 따르면 여기서 발산되는 에너지로 무려 10
억개의 전구를 한 시간 동안 켜 놓을 수 있다고 한다.
  － 『E=MC²과 아인슈타인』 제레미 번스타인 著, 이상헌 易, 바다출판사

문명은 빠르게 상승궤도를 타고 유럽에서 시작되어 아프리카와 북아프리카로, 그리고 아시아로 들불처럼 번져나갔다. 인류는 이 힘으로 각종 건축물과 철도와 교량을 만들었고 그와 함께 산업화가 급속도로 진전되어 놀라운 발전으로 가히 신세계를 이루었다.

반면에 이 힘으로 자신보다 약한 나라를 식민지화 하기 위한 전쟁, 1,2차 세계대전이 발발하여 수많은 사람이 대량학살되는 비극이 일어났다.

1900년대에 이르러서는 물리학자 아인슈타인이 상대성 이론을 들고 나와 원자력이라는 새로운 에너지를 개발하고 뒤이어 원자폭탄이 나와 세상을 뒤흔들어 순식간에 인류를 대량학살의 공포로 몰아 넣었다.

그리고 그 에너지로 인하여 인간은 최초로 깡통을 타고 지구 밖으로 날아가는 로켓 시대, 즉 우주 시대를 맞이하였다.

빛의 속도는 진공 상태일 때 초속 30만Km이다. 그러니까 1초에 지구의 둘레를 7바퀴 반을 도는 속도인 것이다.

그러나 이 빛의 속도로 우주를 여행한다 하더라도 우주의 공간은 상상할 수 없을 만큼 넓어서 다른 행성까지 빛의 속도로 여행을 한다면 최소 4.2광년에서 최대 130억 광년까지 걸리는 행성과 우주가 있다니 상상하기 힘든 어마어마한 세계에 살고 있는 것을 깨닫게 된다.

빛의 속도는 인간이 우주로 갈 수 있는 속도이니만큼 이것만으로도 지난 인류사의 문명이 비약적으로 발전하였지만, 다들 알다시피 빛의 속도 정도로는 근거리에 있는 극히 일부 행성을 제외하고는 대다수의 행성 여행은 불가능하다.

그러니 그보다 100배, 1000배 빠른 대체 에너지를 발견하지 않는다면 우주로의 여행은 아직도 어린아이 수준에 불과하다.

그러나 여기 빛의 속도를 초월하는 힘이 있으니 그 에너지는 '상상想像의 힘'이다.

인간의 상상력이란? 신들에게 필적하는 신적인 능력을 의미한다.

상상력 안에서는 시간의 개념이 없이 자유롭게 이동할 수 있으며 심지어 빛의 속도를 추월하여 새로운 세계와 얼마든지 만날 수 있다. 빛의 속도도 상상이 안 가는 빠른 속도인데 도대체 어떻게 상상想像의 속도로 성경을 보라고 하는지 이해가 안 갈 것이다.

성경을 볼 때 '상상다독법想像多讀法'을 사용하면 바로 그것이 가능해진다는 것이 이 책의 핵심 주제이다.

그러면 어떻게 독서를 하는 것이 '성경상상다독법'인가?
그 이야기를 지금 시작한다.

5. 성경이 어려운 이유

성경이 어려운 것은 사람들이 성경에 대해 의외로 잘 모른 다는 것이 그 첫째 이유이다.

성경을 알면 그만큼 성경에 대하여 쉽게 접근할 수 있고 빨리 깨달을 수 있다.

그렇다면 성경에 대하여 알아보자.

분명 성경은 하나이지만, 막상 성경을 열어 보면 성경은 두 갈래(구약舊約과 신약新約)로 구분되어 있다.

한 부분은 구약 성경으로 39권으로 되어 있으며, 다른 한 부분은 신약 성경으로 27권으로 되어 있는 방대한 책으로 도서관 분량이다.

구약 성경 중에는 분명 쉽게 쓰여진 책도 있지만 대부분이 유대인의 역사와 전통에 대하여 기록되어 있다. 그래서 전통파 유대인들이 구약을 이해하는 것은 쉽지만, 그 외의 다른 사람들에게는 생소한 언어와 문화를 바탕으로 한 내용으로 평생 연구하고도 다 알 수 없는 전통과 율법의 규례들로 인하여 이해하기가 매우 어렵다.

신약 성경은 기독교인이라면 대체로 이해가 쉬운 복음과 예배에 대한 이야기가 주종을 이루고 있다. 그러나 이 역시 타 문화권의 사람들이나 타 종교의 사람들에게는 이해하기란 쉽지 않은 문화의 벽이다.

사실상 구약은 약 4,000년의 오래된 문화와 역사를 담고 있고 대부분의 중요한 내용들은 오래된 고어古語와 은어隱語이다. 내용은 유대인의 전통 의식에 관한 부분이 많아 그 오랜 문화와 역사를 짧은 시간으로는 이해하기가 쉽지 않다.

반면에 신약은 2,000년 전의 로마시대(헬레니즘)의 문화를 바탕으로 헬라어로 기록되어 있으며 예수의 4복음과 사도들의 행적과 미래에 관한 사상과 예언과 신비한 기적들에 대해 씌여 있어 읽다가 자칫 신비주의로 빠지기 쉽다.

이렇게 방대한 자료가 농축되어 비유比喩와 은어隱語로 호두껍질같이 에워싸인 책으로서 일반 사람들의 지식과 경험으로는 짧은 시간에 성경을 이해한다는 것은 불가능한 일이다.

그리고 성경은 66권이지 절대 한 권이 아니다. 읽는 데 많은 시간이 필요한 것은 너무나 당연하다.

기본적인 성경에 대한 기초 지식 없이 초등학교 때 배운 독서 방법으로 전문 수사나 학자들이 평생을 연구하며 공부를 해도 다 이해하기 어려운 책을 단 한 번에 읽고 깨우치려고 한다는 그 자체가 어불성설語不成說인 것이다. 오랜 전통과 역사를 가진 유대인들에게는 그 자체가 신성모독이다.

이다지도 어려운 책(성경책)이 세상에 가장 많이 보급되어 있다는 자체도 아이러니irony가 아닐 수 없다.

일반적이고 평범한 사람들에게까지 성경책이 보급되고 읽혀지고 있다는 자체가 기적인 동시에, 또 이 어려운 경전을 이해하고자 매일 그 방대한 분량을 나누어서 읽는 기독교인들도 대단한 사람들이라 할 수 있다.

어찌 되었든 문제는 성경이 이해가 안 된다는 난제를 가지고 왜 성경이 어려운가를 설명하고 있는데, 그 원인을 알고 읽는다면 훨씬 많은 도움이 된다.

성경은 오랜 역사와 전통이 있는 책冊이며 또 그 글들이 현대어가 아닌 가장 최근의 내용이라 할지라도 이미 2,000년 전에 정경政經으로 확정된 것과 또 글은 현대어로 한글로 표현되었지만 그 내용과 문화와 사고방식은 지극히 유대 문화인 동시에 히브리인Ivrim의 사상이라는 점을 알아야 한다.

성경은 저자가 한 명이 아니라 40여 명이나 되며 8개의 강대국이 변천되면서 각기 다양한 직업에 종사하던 전문인들이 시대를 달리 하는 공동 저자였다는 역사적인 배경을 가지고 있다.

또 성경은 역사나 과학이나 인문학 등 학문을 위한 책이 아니라 하나님의 자녀들을 위해 특별하게 쓰여진 경전이다.

그래서 성경은 비유와 상징과 은어가 많이 사용되고 있다.
내용 면에서는 세속적인 이야기로 구성되어 있으나, 그 이야기 속에서 영적인 세상, 즉 하늘 나라의 메시지를 전하고 있다.

끝으로 성경은 다른 책이나 다른 경전의 해석을 필요로 하지 않으며 오직 성경은 성경만으로 이해하고 깨닫기에 충분한 내적인 힘을 가지고 있다.

성경을 진정으로 깨닫기 원한다면 먼저 성경의 생각을 이해하고 그 구조를 파악하는 게 중요하다.

성경은 성경의 각 객체의 한 권, 한 권이 각자의 개성과 영성을 가지고 있으므로 66권을 하나로 이해하기에는 너무나 큰 간격과 이질감異質感이 있다.

그렇기에 각기 한 권씩 이해하는 것도 필요하지만, 그것 가지고는 전체를 이해하기가 어렵다.
성경의 각 개체의 사이클을 이해하고 그 사이클에 주파수를 맞추어 성경 전체를 이해하는 훈련을 해야 한다.

각 방송 매체들이 자신의 고유 사이클이 있어 그 주파수 채널에 맞추어야 그 방송을 시청할 수 있는 것처럼, 성경도 그 채널과 사이클에 맞추어야 선명한 화질과 분명한 음성을 알아들을 수 있다.

쉽게 이야기해서 모든(일반) 책들은 하나의 사이클, 주파수를 가지고 있다고 가정을 한다면, 성경은 일반 책의 사이클보다 훨씬 많은 66개의 사이클로 이해해야 된다는 것이다.

이렇게 성경의 성격과 배경과 사이클을 어떻게 먼저 인지認知하고 시작해서 끝낼 것인가를 설정하면 훨씬 성경의 이해의 폭이 넓어지고 쉬워지고 짧은 시간 내에 다독을 하는데 도움이 된다.

그러면 성경의 사이클이 66개의 사이클로 되어 있다는 전제하에 그 사이클을 어떻게 이해하고 다독을 할 것인가는 다음 장에서 설명하기로 한다.

6. 성경의 사이클cycle

앞 장에서 모든 책(일반 책)들은 사이클이 있는데 대부분이 원 사이클로 되어 있다고 하였다.

대부분의 책들은 이야기가 시작되면 서서히 상승곡선을 타고 클라이막스climax로 올라간 정점에서 내리막으로 내려오면서 완결되게 되어 있다.

그러나 성경은 그렇지 않다. 성경은 하나이지만 그 내용은 66권으로 되어 있다. 그리고 각기 한 권마다 스토리의 전개가 개별個別로 시작과 끝을 가지고 있기에, 임밀히 보아 하나가 아니라 사실은 66권의 책인 셈이다.

이러한 성경이기에 주기週期, 즉 사이클로 이야기 한다면 66개의 사이클로 되어있다고 보아야 한다.

이 66권의 책이 모두 성격이 다르고 역사와 내용이 개별적이기에 한 권 한 권을 각기 다르게 이해하고 공부해야 한다.

그런데 각각의 권 사이의 시간차가 보통 한 시대 안에 모두 기록된 글이 아니고 수십 년에서 수천 년의 시간 차이를 가지고 있는 고서古書들이다.

또한 역사의 기록된 글로 시작해서 개인적인 이야기와 가정의 이야기 뿐 아니라 공동체의 이야기에서 국가의 이야기로 다양하게 이루어지고 있으며, 세속적인 이야기이지만 그것은 곧 영적인 문제를 의미하기 때문에 동시에 두 가지의 해석이 가능하고, 그것들이 잘 맞아 조화를 이루어야 한다.

그렇기 때문에 이러한 내용을 알기 위해서는 평생을 연구하여도 다 알 수 없는 방대한 분량의 지식과 많은 시간을 필요로 하게 된다.

그래서 유대인들은 이러한 율법과 지식을 올바르게 전수하기 위해 랍비와 율법사와 서기관들로 구성된 전문팀들이 각각 분야를 나누어서 평생 성경 연구에 전념하고 있다.

이렇게 방대한 책을 기적적으로 하나로 묶어 누구나 읽을 수 있도록 완전 공개를 하였으나, 비전공 분야의 평범한 사람들에게 성경은 너무나 방대하여 읽을 엄두조차 나지 않는 것도 당연하다.

그래서 이 방대한 성경을 읽고 이해하기 위해서는 어떤 특별한 기술의 가이드가 절대 필요하다. 저자가 소개하려는 성경다독多讀과 속독速讀이 바로 그것이다.

먼저 성경을 다독多讀 하기 위해서는,

첫째, 성경의 사이클(초점)을 맞춰라.
여기서 사이클이라는 것은 전체를 알기 위해서 특별한 훈련을 의미한다. 자세한 내용은 이 책 속에 설명하였으므로 내용을 충실하게 따라오기를 바란다.

성경은 비유와 암호, 그리고 상징으로 기록되었기에 먼저 각기 다른 성경의 사이클을 자세히 숙지하고 그런 후에 어떤 방법으로 성경을 읽고 이해할 것인가를 미리 설정하고 훈련을 해야 한다.

둘째, 방대한 책일수록 가장 빠른 스피드로, 다독多讀을 해야 한다. 여기서의 다독이라는 것은 이해가 안 가도 먼저 글을 숙지하는 훈련을 말한다.

많은 다독을 하기 위해서는 아주 빠른 스피드로 읽지 않으면 안 된다.

빠른 속도로 성경을 다독하게 되면 성경의 전체 윤곽이 마음속에 영상으로 나타나고 그것을 반복하면 할수록 성경의 입체적인 영상이 내 마음에 자리 잡고 그려지게 된다.

그러면 충분한 학습이 된 내용들이 자신도 모르게 자연히 기억으로 축적되어 저절로 이해가 된다.

셋째, 성경은 깨달아질 때까지 보고 또 보는 훈련을 지속적으로 훈련해야 한다. 그러면 개인의 시간차는 있으나 언젠가는 그 깊은 의미가 저절로 깨달아지게 된다.

넷째, 모든 훈련은 일기처럼 철저하게 시간과 장소를 기록한다.

메모하고 기록하지 않으면 자신의 발전 속도와 현 상태를 가늠하기 어려워진다. 그래서 항상 메모할 수 있는 노트를 준비하여 언제 어디서든지 깨닫고 느끼고 궁금한 것이 생기면 바로바로 메모하는 습관을 가져야 한다.

이렇게 성경의 사이클을 의식하고 철저하게 자신을 분석하게 되면 드디어 성경의 크기와 넓이와 높이가 느껴져 공간의 개념을 갖게 된다.

이 능력은 '공간의 능력'으로, 실제의 크기가 오감(5가지 인간의 감각기능)을 통해서 감지되어 체험으로 깨달아지는 지적인 힘이 생긴다.

이 단계로 진입하게 되면 그야말로 본격적으로 성경상상다독 훈련이 시작된 것이다.

이때로부터 진정한 성경의 크기와 위대함을 공감하게 되고, 보이지 않던 인명人名과 지명地名들의 글자들이 눈에 보이게 된다.

먼저 성경이 깨달아지는 것을 느끼다 보면 자신의 능력과 부족한 부분을 깨닫게 된다. 자신의 약점들을 깨닫게 되면 성경과 대화하는 단계(어린 아기가 엄마의 존재를 받아들이고 옹알이하는 단계)로 들어가게 된다.

손자병법 모공편에 '지피지기 백전불태知彼知己 白戰不殆'라는 말이 있다. 즉 상대를 알고 자신을 알면 백 번 싸워도 위태롭지 않다는 뜻이다.

성경을 깨닫기 위해서는 자신이 얼마나 성경에 대해 지적으로 무능력한 사람인가를 먼저 알고 그리고 성경의 역량을 얼마나 이해하는가에 따라 성경을 그만큼 소화하고 이해할 수 있게 된다.

성경의 사이클, 즉 성경의 본성과 구성 요소를 파악하고 난 뒤에야 깨닫는 단계로 들어가게 되는 것이다.

독자들은 '얍복 강가의 야곱과 천사와의 씨름'을 경험하고 난 뒤에야 비로소 이 단계로 들어가게 됨을 뼈 속 깊이 체감하게 될 것이다.

저자는 이 싸움에서 6개월간 눈물과 땀으로 밤을 지새웠으며, 다독훈련으로 인한 자신과의 싸움에서 수없는 기도와 방언, 그리고 주기도문과 사도신경과 찬송을 통해서 긴긴 밤을 무사히 건너올 수 있었다.

사탄은 끈질기게 나의 정체성을 뒤흔들었고, 무능無能과 무지無知에 대해 수없이 조롱과 비판을 당하며 날마다 '혀의 채찍 (욥 5:21)'으로 학대 받고 맞아야 했다.

그때마다 나는 좌절과 절망 속에서 방황하였고, 원인 모를 분노로 인하여 자리를 박차고 일어나 방안을 뱅뱅 돌기를 수 없이 하였다.

그리고 마침내 성경을 집어 던진 후에야 사탄의 분노임을 알게 되었다.

사탄은 성경을 알고자 하는 모든 사람에게 무서운 적개심으로 달려들어 까닭 없이 괴롭히고, 좌절시키며, 불안과 초조와 공포에 시달리게 한다는 것을 그제야 깨달았다.

'성경상상다독'은 사탄의 집중 공격을 받게 된다. 여기서 살아 남지 못하는 사람은 패배자가 된다.

단순한 패배자가 아니다. 저자의 생각과 경험으로는 이 훈련에서 포기하고 패배를 맛본 사람은 다시는 성경을 볼 수 없는 맹인이 되는 것과 같다.

7. 음속音速과 빛의 속도의 차이

음속音速의 속도는 1초당 331.29m이다.

그러나 빛의 속도는 1초당 30만Km이다.

(1초에 지구를 7바퀴 1/2를 지나는 속도)

오늘 저자는 성경을 다독을 하는데 음속과 광속과 상상의 차이를 설명하고자 한다. 신비하게도 우리 인간의 몸은 음속과 광속光束, 그리고 상상력의 기능, 이 모든 능력을 함께 가지고 있다.

음속은 우리의 혀의 기능으로써 소리의 기능이고, 광속은 눈의 기능으로써 시각적인 빛의 기능을 식별해내는 것인 반면에 상상력은 마음의 기능으로써 음속과 광속, 그리고 시공을 초월하는 상상의 기능인 것이다.

이렇게 음속과 광속보다 빠른 상상력의 기능을 가지고 책을 볼 수 있는데 불행히도 유아적 기억 선험先驗이 장년기의 기억의 기능을 지배하고 있어 그 장애로 인해 음독音讀하는 독서법으로부터 독립하지 못해 그 영역에서 벗어나지 못하고 있다.

우리가 처음 글을 터득하는 과정에서 제일 먼저 음독音讀으로 글을 깨우치게 되었는데, 그 처음 습관을 성년이 되어서도 벗어나지 못하고 평생을 음독으로 독서를 하는 것이 익숙해짐으로 인하여 눈으로 읽거나 마음으로 읽는 상상력의 독서를 못하게 된 것이다.

이제는 독서법 중에서도 빛의 속도보다 빠른 독서를 하는 방법의 하나인 '성경상상다독법聖經想像多讀法'에 대해서 깊은 관심을 가져보자.

소리를 내서 글을 깨우치고, 소리를 내서 글을 읽다보면 우리의 몸은 얼마 되지 않아서 소리와 함께 에너지氣가 빠져 나가 어지럽고 피곤을 느끼게 된다.

불과 1~2시간이 지나면 더 이상 독서하는 것이 힘들어지게 된다. 또한 소리를 내면서 글을 읽어야 잘 깨닫는 습관 때문에 속독이 필요한 것을 알면서도 계속 음독音讀으로 느리게 책을 읽게 된다.

이 부족한 부분을 발전시키기 위해서 부단히 눈으로 속독速讀하는 집중 훈련을 해야 한다.

우리의 눈은 모든 사물과 이치를 한 눈에 보자마자 이해를 하고 깨우치고 알아차린다.

색깔이나 형태나 부피나 크기, 심지어 공간의 개념까지도 순간에 인지認知할 수 있다. 그러나 소리는 청각적인 판단을 걸쳐 뇌로 전달되고 그리고 그것이 무엇인지 분간分揀될 때 비로소 입에서 소리가 되어 나온다.

이렇게 한 차원이 다른 눈의 속도, 즉 빛의 속도를 소리의 속도에 맞추어서 글을 읽기 때문에 눈으로 읽는 속독 뿐만 아니라 시간을 초월하는 **'성경상상다독법'**을 전혀 하지 못하게 된다.

이제부터라도 눈의 속도에 맞추어서 글을 보는 훈련을 하게 되면 순간에 깨닫고 순간에 분별하는 인지 능력이 생겨나 속독이 가능하게 된다.

이러한 훈련법이 빛의 속도보다 빠른 즉 **'성경상상다독법'** 훈련이다.

광속光束은 음속音速과는 그 빠르기의 차원이 다르다.
음독으로 성경을 읽는 것이 아니라 광속과는 비교도 안 되는 상상想像의 속도로 보게 된다면, 그야말로 성경의 판도라의 비밀 상자는 드디어 열리게 된다.

나는 이 **'성경상상다독법'**으로 현장에서 고민하는 아담과 모세와 갈렙을 만났고 그들의 호령하는 소리를 들을 수 있었다.

상상력을 동원하면 우리는 그들의 현장에서 하는 귓속말
과 호탕하게 웃어제끼는 소리와 그들의 숨을 고르는 긴장감
도 느낄 수 있었다.

그저 환영幻影 이나 환상幻想이 아니다.
성경을 들고서 직접 체험을 한 것이다. *(믿거나 말거나)*

9. 컨디션 조절

다독을 하려면 우선 몸의 상태를 점검해야 한다. 우리의 몸은 육신이라는 공간 속에다 지식과 정보를 담아야 하는 그릇으로 그 부피와 크기, 그리고 내구성이 얼마나 좋으냐에 따라 많은 정보와 지식을 담아 둘 수 있다.

핵이라는 특별한 물질을 담기 위해서는 특별한 소재와 튼튼한 용기가 필요하듯 우리의 육신도 특별한 정보와 지식을 담아 두기 위해서는 우리의 육신도 특별한 용기用器로의 전환이 필요하다.

특별한 용기라는 의미는 '특별한 훈련으로 만들 수 있는 지적인 역량과 능력'을 의미한다.

그러기 위해서 우리의 육체의 한계와 가능성의 역량力量, 즉 용량用量을 알아야 한다. 이 특수한 내용을 담아 두기 위해서는 끊임 없는 훈련과 노력으로 자신의 역량을 넓혀야 한다.

분명한 것은 우리의 육신은 24시간이라는 제한된 시간 속에서 6~7시간의 잠이라는 휴식을 취해야 효율성이 유지되고, 끊임 없는 훈련으로 자신의 역량을 넓힐 때 그 능력이 키워진다는 것이다.

우리의 두뇌는 하루에도 수천에서 수억 개의 세포가 죽음으로써 기억력이 감퇴된다.

그렇기에 지적知的인 기억력은 자연히 떨어지고 이를 최대한 연장하거나 지연遲延하기 위해서는 끊임 없는 훈련과 노력이 필요하다.

그러므로 지적 역량을 키우기 위한 첫 번째 단계는, 우리 몸 속 매커니즘mechanism의 생리적生理的인 기능의 효율성을 높이는 것이다.

이를 위해서는 첫 번째 점검 사항인 나의 몸의 컨디션 condition을 자가진단하고 관리할 수 있어야 한다.

컨디션이야말로 우리의 몸의 상태를 최적의 상태인가 최악의 상태인가의 기능을 알 수 있는 바로미터barometer이기 때문이다.

그렇기 때문에 '상상다독훈련'에 들어가기 전에 먼저 자신의 몸에서 보내는 신호인 컨디션에 민감하게 반응을 할 수 있어야 한다.

자신이야말로 가장 훌륭한 의사이며 선생이다. 그래서 먼저 우리의 몸의 총체적 보고의 진단서인 컨디션으로 우리 몸의 느낌인 '미학美學'을 재빠르게 이해하고 반응해야 한다.

우리의 몸은 최적의 컨디션을 어떤 신호로 표현하는가?

그것은 나의 신체적 기능이 가장 왕성하고 최적의 상태임을 의미하는 '기분'으로 표현한다.

좋은 기분, 나의 마음이 평안함으로 든든한 기분을 느낌으로 알려주는 상태'가 곧 '최상의 컨디션' 신호이다.

최상의 컨디션인 상태에서 훈련을 하면 가장 빨리 반응이 오며 좋은 결과로 큰 기쁨을 경험하고 온몸에 기운을 준다.

그러나 어딘가 기분이 우울하고 마음은 불안하며 몸은 여기저기 통증과 무력감을 느끼고 그 어떤 의욕도 없어 아무것도 하고 싶지 않은 상태가 바로 최악의 컨디션 신호이다.

이 때는 무조건 모든 일에서 손을 놓고, 마음과 몸의 휴식을 하면서 서서히 몸을 달래가며 일을 하는 사람이 지혜로운 사람이다.

그럴 수 없는 여건에 놓인 사람도 있겠지만, 최소한 이러한 배려를 자신에게 스스로 할 줄 아는 사람이 자신을 사랑할 줄 아는 사람이고, 또 남을 배려할 수 있는 사람이다.

물론 최적의 상태도, 최악의 상태도 아닌 느낌이나 상태도 있다.

이럴 때에는 나의 몸이 어느 정도로 효과적으로 반응을 할까를 생각하고 적당한 연습과 훈련을 맞추어가며 하는 것이 지혜이다.

이렇게 '컨디션'은 우리 몸에서 가장 최전선에 서 있는 첨병尖兵으로서 내 자신의 몸 상태를 먼저 나에게 느낌으로 통보해 주는 연락병이기도 하다.

이러한 몸의 신호를 대화로 받아들여 자연스럽게 조화를 이루게 되면 언제나 실수와 무능에서 벗어날 수 있다.

컨디션을 무시하고 열정과 목표 하나만 가지고 무리하게 자신의 몸을 혹사시키는 사람은 반드시 그 몸으로 대가를 치르게 된다.

최상의 효과를 얻으려면 우리 몸에 컨디션 신호를 잘 알아듣고 그에 반응하고 따르되 그 상하의 조절을 잘 하는 것이 '성경상상다독'을 성공시킬 수 있는 중요한 요건이다.

그러므로 시작할 때도 최고의 컨디션으로 할 수 있도록 하고, 마칠 때도 너무 많이 하거나 무리하여 신체 어느 부분을 혹사酷使시키지 않아야 오랫동안 유지할 수 있다.

몸의 언어, 바디 랭귀지body language에 민감하고 또 그것을 잘 해석해서 자신에게 적용을 한다면 자신 뿐 아니라 주변 사람들에게도 가장 좋은 선물을 주게 된다.

저자는 최악의 컨디션인 상태에서는 아무리 초인적인 노력을 한다 하더라도 성공하기가 매우 어렵고 힘들다는 것, 그리고 실패하기 쉽다는 것을 경험을 통해서 알게 되었다.

10. 상상다독훈련想像多讀訓鍊

'성경상상다독훈련'을 본격적으로 시작해 보자.

이 훈련의 요지는 다독多讀훈련을 하되 먼저 성경을 될 수 있으면 많이 보는 것이 요점 *point*이다.

보이지도 알지도 못하는데 어떻게 성경을 보라는 것인가 하고 의아할 수 있다. 그러나 성경을 깨달은 후에 성경을 보는 것이 더 어려운 것이다.

어찌 되었든 성경을 넘기는 훈련부터 먼저 시작한다.

그러기 위해서 필요한 준비물은 다음과 같다.

첫째, 성경이다.

물론 어떠한 성경이라도 다 되지만 훈련의 효율성을 높이기 위해서는 다음과 같은 조건을 갖춘 성경이어야 한다.

① 지퍼가 있는 가죽 성경(그림이나 주석이 없는 것)
② 큰 글씨의 성경(너무 크지 않은 것)
③ 부피가 얇은 성경

둘째, 타임워치(시간을 초 단위로 잴 수 있는 시계)이다.

성경을 넘기는 모든 훈련의 시간을 측정하기 위해 준비한다. 스마트폰의 타임워치를 사용해도 된다.

셋째, 성경을 가장 빨리 넘기기 위해서는 손가락에 끼울 수 있는 골무가 있어야 한다. 2~4개의 골무를 넘기는 손가락 마디에(엄지, 검지, 장지) 끼워서 훈련을 하면 성경 책장이 잘 넘어간다.

넷째, 메모할 노트이다. 물론 시간을 기록하는데도 메모를 해야 하지만 읽다가 깨닫게 되는 느낌과 눈에 보이는 글자들을 기록하는 노트이다.

이렇게 기본적인 장비나 연장들을 준비한 다음에 가장 좋은 시간, 자신에게 가장 적절하고 알맞은 시간에 하루 2~3시간을 정기적으로 훈련을 한다.

다섯째, 성경을 가장 빠르게 한 장씩 넘기는 것을 원칙으로 하되, 겹쳐서 넘어가지 않도록 한 장씩 다시 넘기는 것을 원칙으로 한다.

여섯째, 성경을 넘기는 훈련을 할 때 입으로는 기도와 찬양을 할지라도 눈은 반드시 성경책 위에 가볍게 올려 놓는다는 느낌으로 하되 성경에서 눈을 떼어서는 안 된다. 이러한 상태에서 타임워치를 가동하여 가장 빠르게 넘기면서 훈련을 시작한다.

신·구약 성경을 한 번 넘기는 것을 한 번 보았다고 한다. 그래서 최고의 스피드로 책장을 넘기기 시작하면 1독讀(신·구약성경)에 약 2~3분 정도의 시간이 소요된다.

이렇게 해서 하루에 10회를 목표로 계속하게 되면 약 25분 정도면 10독讀을 다독훈련할 수 있다.

이러한 방법으로 가장 좋은 시간에 집중적으로 훈련을 하되 1,000~3,000독까지 지속적으로 하게 되면 내 눈에서 변화가 일어난다. 또 성경책 속에서 변화가 일어나는 것을 느끼게 된다.

이러한 변화가 사람의 차이에 따라서 다르게 나타나겠지만 만일 2,000독을 했는데도 아무런 변화가 없다면 3,000독 4,000독을 목표로 꾸준하게 인내하면서 해야 한다.

그리하면 멀지 않아 내 몸에서 신체적인 변화가 일어나는 것을 느끼게 될 것이다.

이를테면 글씨들이 움직인다거나 글씨가 또렷하게 보이면서 인명과 지명들이 보인다거나 하는 현상들이 나타나게 된다. 그러면 이미 '성경상상다독"이 되고 있음을 의미하는 것이다.

이러한 단계에 오기까지 이미 훈련하는 과정에서 많은 부분이 변화되고 있음을 알게 된다.

11. 비몽사몽非夢似夢 간에

저자는 1985년도에 성경속독에 이끌려 몇 분 만에 신·구약 성경을 읽고, 일반 책을 30분이면 다 읽을 수 있다는 강사의 말에 미친 듯이 성경을 읽고 또 읽었던 지난 날들이 생각이 난다.

그 후 나는 몇 개월 동안 성경을 펴고 새벽기도가 끝난 시간 후에 강단에서 수없이 성경상상다독 훈련을 하였다.

그러나 몇 분도 안되어서 피곤으로 인하여 밀려오는 잠에 못 이겨 코를 성경에 박고 잠을 자는 것이 반복되었다. 아무리 성경을 넘기고 읽어도 도대체 눈에 들어오지 않았다.

오히려 비관과 열등의식에 시달렸고, 3개월의 시간이 지나고 700독을 하였으나 아무런 변화나 진전이 없었다.

마침내 비통한 마음으로 실패를 자인하고 포기하게 되었다. 왜 나는 안 되는 것인가? 다른 사람들은 진전이 있어 보여도 나에게는 아무런 변화나 깨달음이 없어 절망을 하고 포기하게 되었다.

어느덧 세월이 흘러 18년이라는 시간이 흘러 다시 성경속독이 생각이 나서 다시 속독을 하게 되었다. 이번에는 옛날 실패했던 경험을 바탕으로 내 방식대로 원칙을 세워 훈련을 하기로 하였다.

첫째, 성경은 깨달아질 때까지 계속 넘기는 훈련을 한다.
둘째, 보이는 대로 보되 의도적으로 보려고 하지 않는다.
셋째, 시간은 가장 빠른 시간에 볼 수 있도록 한다.
넷째, 타임워치로 기록을 한다.
다섯째, 모든 사생활은 성경속독 시간을 우선으로 한다.

이렇게 실패를 더듬어서 보완을 거친 다음, 원칙 안에서 성경상상다독 훈련을 체계 있게 시작하였다.

또 몸의 상태를 위해 특별히 영양가 있는 음식을 선호하고 휴식도 충분히 취하면서 성경상상다독 훈련을 시작하였다.

처음엔 성경이 잘 넘어가지 않아서 손가락에 물을 찍기도 하고 여러 가지 방법을 동원하는 가운데 약국에서 골무를 사가지고 해야 하겠다는 생각이 들어 골무를 사서 끼우고 연습하게 되었다.

그러자 훨씬 성경이 잘 넘어갔다. 처음 성경을 넘기는데 시간을 재어보니 40분의 시간이 소요되었다. 그 후 가장 빠른 시간대에 1독을 하는 데는 약 10분의 시간이 소요되었다.

좀 더 숙달이 되니까 5분대로 단축되었다. 이렇게 일주일을 계속하니까 3분대로 단축되었다. 그리고 최대치의 가장 빠른 시간대는 1분 50초만에 신·구약 성경이 다 넘어갔다.

그 속도와 빠르기는 마치 신의 경지에 온 것처럼 신기하기만 했다.

내용이 어떤지 전혀 상관하지 않고 오로지 성경만 가장 빠르게 넘기는 데만 전력을 다했다.

이렇게 1,189장의 성경이 1분 50초에 넘어간다는 자체가 기적에 가까운 시간이다. 무조건 넘기는 데도 성경은 큰 기쁨을 주었다. 무언가 든든한 기운이 나의 마음을 채웠고, 계속되는 훈련 속에서 수많은 땀을 흘리는 경험을 하였으며 그 속에서 잔잔한 성령의 위로가 있음을 몸으로 느끼는 경험을 하였다.

그러는 중에도 사탄의 집요한 시험은 계속되었다. 예전처럼 열등감과 좌절감이 밀려왔고, 실패의 트라우마*trauma*가 마음을 불안하게 하였다. 그럴 때마다 찬송과 기도로 치열하게 영적 전쟁을 하였다.

그러나 이렇게 빨리 성경을 넘길 수 있다는 것 자체가 기적이기도 하지만 그 넘어가는 속도와 현상을 볼 때도 굉장한 감동과 기쁨이 일어나는 것을 경험하였다.

그리고 속에서 간절한 기도가 새어 나왔다.

'주여, 주의 기이한 말씀을 나로 하여금 깨닫게 하옵소서!!'

그러던 어느 날 문제가 생겼다. 나의 오른쪽 팔이 통증으로 고통이 오기 시작하였다. 그렇다고 멈출 수는 없었다. 어떻게 하면 팔에 무리가 오지 않고 계속할 수 있을까를 고민하다가 마침내 한 가지 처방을 생각했다.

욕조에서 찜질을 하며 샤워를 하면서 오른쪽 어깨 부위를 집중적으로 뜨거운 물로 찜질을 하였다.

이러한 응급처방이 유효하여 하루에 성경다독을 10회에서 30회로 늘려 나갔다.

나중에는 하루에 50회를 했는데 얼마나 힘들었는지는 해보지 않고는 이해할 수 없을 것이다.

땀이 비오듯 쏟아지고, 팔은 빠질 것 같이 고통스러웠으나 성경의 내용들이 이해되면서 깨우쳐지는 것이 얼마나 감격스러웠던지 많은 감동과 눈물과 통곡의 시간을 보냈다.

'조문도석가사의朝聞道夕死可矣'

논어論語 이인편里仁篇에 나오는 유명한 구절로 아침에 도道를 깨우치면 저녁에 죽어도 여한이 없다는 뜻이다. 조선시대 성균관 유림儒林들이 이렇게 서로 인사하였다고 하니 이제 그 의미를 알 것도 같았다.

이러한 기쁨과 성공의 결실을 18년 만에야 달성할 수 있었다. 다독의 횟수가 6,000독을 이루었을 때의 일이다.

그래서 7,000독을 채우려는 욕심이 생겨서 하루에 100독씩 10일 동안 총 1,000독을 하기 위해 교회에 휴가를 내고 10일 동안 기도원으로 들어갔다.

2002년 때는 늦가을이 시작되는 즈음이라 저녁에 초겨울의 추위를 느낄 정도의 날씨로 아침과 저녁으로 선선한 바람이 불었다.

경기도 양수리에 있는 모 기도원에서 다독 훈련을 위해 홀로 입산을 하고 저녁부터 열심히 성경다독을 하였다.

하루에 100독을 해야 하니 많은 시간과 노력이 필요로 하였기에 숫자를 채우기 위해 열심히 책을 넘기며 혼신의 힘을 쏟아부었다.

이렇게 사흘이 되는 어느 날 저녁 12시쯤에 몸에 이상한 현상이 일어나는 것을 느끼기 시작했다.

급속한 피로감과 눈이 흐려지면서 몸이 굳어오는 느낌이었다.
잠시 천장을 바라보며 피로를 달래기 위해 누웠는데 그 뒤로 다시 일어날 수가 없었다.

오른쪽 팔이 움직이질 않았다. 오른팔 뿐 아니라 오른쪽 발도 함께 움직이지 않았다. 그러나 왼쪽 팔과 다리는 그런대로 움직였으나 오른쪽 팔과 다리는 마비되어 있음을 그제서야 알게 되었다.

순간 두려움이 먹장 구름처럼 나의 미간에 드리워졌다. '아아, 나도 우리 어머니처럼 중풍이 왔구나.' 하는 생각이 뇌리를 스치자 나는 다시 한 번 두려움에 몸부림을 쳤다.

아무리 몸부림을 쳐도 역시 움직여지지 않았다. 그러나 왼쪽 팔과 다리는 그런대로 움직이고 있었기에 이것이 꿈인가 현실인가 잘 구분되지 않았다.

정신을 차리려고 천장을 바라보다가 나는 그제서야 40w 형광등이 너무 낮게 붙어 있어 눈이 부실 정도로 밝다는 것을 느끼게 되었다.

잠시 불을 끄려고 스위치를 보니 나의 오른쪽 팔 벽 위에 있었다. 하는 수 없이 나는 왼손을 움직여서 스위치를 겨우 끌 수가 있었다.

캄캄해진 좁은 방안은 어느덧 적막을 깨고 달빛이 스산한 분위기로 창가를 비추어 나의 발 끝자락으로 다가왔다.

나는 기도를 시작했다. 이렇게 팔이 마비가 된 것은 사탄이 훼방을 하기 위해서 잠시 이러한 시험을 준 것이라 생각하여 소리를 내어 기도하기 시작했다.

'원수 마귀 사탄아 물러가라! 방해하는 마귀야 물러가라!' 고 소리 소리를 질러댔다.

그러나 내 팔은 여전히 마비된 상태였고, 자꾸만 중풍으로 돌아가신 어머니가 생각이 났다. 나의 어머니는 중풍으로 쓰러져 무려 18년간 누워서 지내시다가 소천하셨다.

어머니도 나중에는 왼손과 왼쪽 다리가 마비되고 굳어져서 일어나지 못하시고 엉덩이로 끌면서 긴 세월을 일어나시지 못하고 지내시다가 돌아가셨다.

'아, 나도 어머니처럼 이렇게 쓰러져서 지내는 게 아닌가!' 하는 두려움이 몰려왔다. 도저히 그럴 순 없었다.

나는 소리 높여 기도하기 시작했다. 명령을 하기도 하고 고래고래 소리를 질러대기도 했다.

그리고 그 후에 나는 울컥 하는 서러움의 눈물이 쏟아졌다. 서러움에 북받친 울음은 이내 신세 타령으로 바뀌어 이렇게 기도를 하였다.

'하나님, 제가 성경다독훈련을 한 것은 나의 욕심과 명예와 부를 갖고자 함이 아니라 성경을 잘 가르치고 설교하기 위함입니다.

가르치기를 잘 하고, 설교를 잘 하려는 마음이 죄입니까? 아니라면 나를 이러한 모순된 원인에서 건져 주시옵소서!! 내가 이렇게 쓰러진다면 세상 사람들이 나를 보고 무엇이라 하겠습니까?

주님, 나를 고쳐주옵소서! 나를 도와주옵소서! 이러한 상황에서 나를 고치사 아버지의 일을 하게 하옵소서…. 사탄아, 물러가라~ 물러가라~!!!'

그리고 나는 그 동안의 피곤과 긴장이 조금씩 풀리면서 순간 잠이 들고 말았다. 그러나 그것도 잠깐이었다.

어두운 밤, 달빛이 스산하게 비치는 나의 방 안에 겨울 같은 추위가 나의 몸을 으스스하게 하면서 누군가 이름 모를 사람들이 나를 내려다보며 서 있다는 것을 알게 되었다.

순간 나는 소스라치게 놀라 허우적대며 일어나려고 몸부림 쳤으나 몸은 가위에 눌려서 말소리도 입안에 돌면서 나오지 않았고, 나의 몸이 얼어붙은 상태로 움직여지지 않았다.

알 수 없는 두 사람이 달빛을 등지고 서서 나를 내려다보고 있었고 그들의 손에는 의사들이 사용하는 차트 같은 것을 가지고서 무언가 들여다보고 있었다.

이런 와중에서도 나는 이런 생각이 스치고 지나갔다. 아마도 내가 쓰러진 것을 기도원 측에서 알고 병원에서 응급차가 온 것이 아닌가 하는 생각이다.

　　그러나 그것도 아님을 곧 알게 되었다. 왜냐하면 방 안에
는 적막이 흐르고 형광등은 꺼진 상태로 어두운 가운데 나
는 포박을 당한 사람처럼 온몸이 가위에 눌려 소리도 내지
못하고 움직일 수도 없는 상태였기 때문이다.

　　그러나 나의 의식은 점점 또렷해지고 있었다. 급기야는 나
의 눈동자가 이름 모를 그 사람들을 주시하며 일거수일투족
一擧手一投足을 따라다니며 보고 있었다.

　　지금 기억해보면 이들은 신발을 신고 들어온 것 같았고,
컴컴한 밤에도 아무런 장애가 없는 듯 보였으며, 말은 주고
받지 않으나 서로 의사 소통은 아무 지장이 없는 듯한 느낌
을 받았다.

조금이 지나자 한 사람이 나의 얼굴로 가까이 다가와 나의 눈 속을 들여다 보았다. 그러더니 그 사람이 나의 왼쪽 목덜미와 어깨 쪽에서 팔 중간 지점과 무릎 쪽에 살짝살짝 손을 대는데 마치 침을 놓은 듯이 따끔거리는 통증을 느꼈다.

그 후로 나는 눈동자가 스스로 감겨 오면서 깊은 잠에 빠져들었다. 그리고 얼마쯤 지났을까, 새벽 공기를 가르고 계곡의 물소리가 들리고 새소리가 유난히도 맑고 크게 나의 귓가에 들려 왔다.

나도 모르게 벌떡 일어나 앉았다. 그리고 어제 밤의 그 일들이 주마등처럼 스치고 지나갔다. 이것은 분명 꿈이 아니었다. 분명 현실 속에서 방황하며 울며불며 기도하다가 이름 모를 사람들을 경계했던 기억이 났다.

분명 나는 오른쪽 팔과 다리가 마비가 되어 울고 불고 소리치면서 기도하던 일과 그리고 불을 끄고 기도하고 있다가 누군가 나의 방에 들어 온 정체불명의 두 사람들이 나의 어깨와 손과 발에 침을 놓은 것까지 기억이 났다.

오른팔과 다리는 다시 정상으로 움직이고 있었다. 나는 일어나서 움직이며 이리저리 내 몸을 살펴보고 있는데 기도원에서는 아침 식사 종소리가 들려오고 있었다.

병인의 괴로움과 두려움에 몸부림치던 그 밤의 일이 생생하게 기억되었던 그 시간, 나는 분명 완전하게 정상으로 되어 있는 현실의 자유로움에 얼마나 기뻐했는지 모른다.

그리고 아침 식사를 한 후에 숙소로 올라오는 그 좁은 산길과 유난히도 맑은 가을 하늘, 그리고 계곡의 물소리와 새들의 소리가 그토록 청아하게 들리기는 난생 처음이었다.

그 후에 나머지 3일 동안 하루 100독씩 10일째 되는 날 1,000독을 채우면서 마침내 7,000독을 완독玩讀하였다. 이 날은 내가 거듭나는 날이요, 죄에서 해방되는 기쁨을 경험하는 날이었다.

이 사건은 내가 '상상다독想像多讀훈련'을 하며 겪었던 일로, 꾸며낸 이야기가 아니라 내가 실제로 경험한 이야기이다. 그리고 10여 년이 지난 오늘, 나는 지난 날을 추억하며 그때 그 일들을 사실대로 짚어가며 이 글을 쓰고 있다.

그 때는 3분에 한 번 성경을 보았었는데, 지금은 5분에 100독의 성경을 보는 훈련을 하고 있다.

서두에서 나는 '작은 두루마리 책을 먹으라'는 제목으로 글을 소개하였다. 사도 요한은 천사로부터 이 책을 먹으면 '입에서는 달고 배에서는 쓰게 되리라'는 말을 듣게 된다.
사실, 입에서 달게 된다는 의미는 알겠는데 배에서는 쓰게 되리라는 말의 의미는 무슨 뜻인지 전혀 알 수가 없었다.

그러나 이러한 **성경다독 훈련**의 경험을 한 후 10년 동안 나는 수없는 고통과 고난의 가시밭 길을 걷는 행군을 통해서 배에서 쓰게 되리라는 고통의 의미가 무엇인지를 희미하게나마 알게 되었다.

"네 배에는 쓰나 네 입에는 꿀 같이 달리라." (계 10:9)

사도 요한이 먹은 작은 책의 비밀은 기쁨으로 깨달았지만 그러나 '고난과 함께 깨닫는 것이 진리의 말씀이구나'하는 깨달음을 갖게 되었다.

욥도 '내가 주께 대하여 귀로 듣기만 하였더니 이제는 눈으로 주를 뵈옵나이다.' (욥 42:5) 라고 하였다.

이렇게 욥은 진리의 말씀을 누구보다 많이 알고 누구보다 주님을 경험했던 그였지만, 막상 그도 주를 뵙기 위해서 인간으로서는 엄청난 고난을 통과한 후에야 비로소 주를 보게 되었다고 고백하고 있다.

그러므로 나에게도 일어나는 이러한 일들이 비정상의 일이 아니라 진리의 말씀으로 주를 만나는 일이 하나의 통과의례인 세레모니ceremony임을 알게 되었다. '네 배에는 쓰나'의 뜻은, 바로 깨달은 말씀을 몸으로 경험하는 통과의례와 같은 것이다⋯.

12. 속독速讀·다독多讀·정독精讀·음독音讀·상독想讀

우리의 독서 문화는 처음부터 엉클어진 실타래처럼 되어 있다. 그러나 이렇게 독서 문화가 잘못된 것도 아직도 그 원인과 결과에 대하여 모르고 있는 것이 현실現實이다.

우리가 처음 초등학교에 어머니의 손에 이끌려 가서 글이라는 것을 배울 때 글을 흔히 음독音讀으로 배우게 된다.

선생님이 소리 내어 글자 하나 하나를 소리 내어 가르친 다음에 가다나라의 숙제를 내주고 그리고 그것을 외워 온 다음에 그것으로 조합을 해서 글자를 만들고 또 그것을 소리 내어 암기를 시키는 일을 반복하게 된다.

이렇게 처음 글을 배울 때, 우리는 이미 머리 속 깊이 음독音讀을 훈련으로 각인시킨 다음에야 비로소 다른 책들을 읽어 오게 한다.

또 그것을 여럿이서 돌아가며 읽게 하고 소리 내어 설명하게 하는 음독이 독서 문화로 자리매김을 한다. 이렇게 학교에서 배우는 독서 교육은 끝이 난다.

더 이상 다독이나 속독 같은 독서 훈련은 아예 존재하지 않고, 그나마 속독은 학교의 정규과목에서는 들을 수 없었고, 학원에나 가야 들을 수 있다.

이것이 지극히 잘못된 독서 교육이다. 아니 미성숙된 독서 문화라고 해야 옳을 것이다.

책을 읽는 것은 정독 뿐 아니라 다양한 방법으로 시도 되어 글과 책을 다룰 수 있어야 마땅하다.

학교나 선생님들이 그 잘못을 인지하지 못하는 것은 미성숙된 독서의 문화를 견지堅志하고 있기 때문이다.

선생님들이 꾸준히 많은 양의 독서를 하고 있었다면, 뾰족한 방법 없이 그저 읽기가 얼마나 많고 힘든 것임을 잘 알고 있었을 것이고, 그렇다면 음독에 의한 독서 문화에서 빨리 다독하는 방법으로 진보進步되었어야 한다고 생각한다.

학생들의 독서 훈련은 초등생 때 배운 방법으로 평생을 음독音讀 독서를 하는 미성숙된 독서문화를 가지고 있게 되었다.

음독으로 읽고 배우던 방법으로 모든 책을 이해하려고 하니 당연히 독서가 힘든 것이다.

그래서 우리 한국 국민들의 독서량은 선진국보다 당연히 적고 적을 수밖에 없다.

저자가 계발한 일반 독서를 위한 '**나비독서법**'과 성경을 집 중적으로 독파하기 위한 '**상상다독법**'으로는 수많은 책과 성 경이라는 대문헌을 읽고 소화해낼 수가 있고, 이로써 독서에 보다 폭 넓은 즐거움을 느낄 수 있다.

독서는 우선 음독으로 글을 깨우친 다음에는 빨리 다독 훈련을 시작해야 한다. 올바른 독서문화를 위한 바른 정립 을 위한 4가지 독서 훈련 방법을 다음 페이지에 소개한다.

〈올바른 다독훈련 과정〉

첫째, 다독多讀의 훈련

다독多讀훈련이란? 우선 많은 책을 가능한 한 많이 읽을 수 있는 훈련을 말한다.

성경으로 말한다면, 성경을 알기 위한 다독법이므로 먼저 많이 성경을 눈으로 보는 훈련을 해야 한다.

이렇게 하기 위해서 우선 성경을 가장 빠른 시간에 가장 많은 양의 성경 분량을 눈으로 보면서 넘기는 훈련이다.

물론 무슨 내용인지 뜻인지의 상관 없는 훈련이다.

이렇게 성경을 손수 손으로 한 장 한 장 넘기면서 창세기 부터 요한계시록까지 수없이 넘기고 넘기면서 눈이 그 빠른 속도를 인지하고 적응하여 인지된 글들을 순간에 감지하고 그 뜻의 의미를 보내올 때까지 기다리면서 훈련을 최고의 기량을 발휘하여 훈련해야 한다.

이렇게 사람의 개인의 차이는 있겠지만, 1,000독~6,000 독까지 계속 넘기는 훈련을 하다가 보면 단어 인식 단계에서 인명人名, 지명地名을 우리들의 생각 속으로 인지된 문자를 하나씩 하나씩 보내기 시작한다.

그럴 때마다 그 신호를 기록하는 습관을 기르면서 메모하여 나가고 그것을 가지고 묵상하면서 한 걸음씩 한 걸음씩 걸음마를 배우는 아기처럼 신중하고 충실하게 행동에 옮기다 보면, 마침내 성경의 농축된 언어와 비유와 상징의 글들이 이미지의 변화와 함께 깨달음으로 오게 된다.

그리해서 성경 한 장 한 장의 상想을 만들고 그리고 그것을 축적하고 조합하여 거듭된 훈련에 훈련을 하게 되면, 그것들이 영사기 속에 필름처럼 어느 순간 영상으로 우리의 뇌리에 순간과 찰나 속에서 인지하게 된다.

음성이 들리기도 하면서 전체의 테마를 알게 되므로 아버지의 깊은 사랑과 고귀한 뜻을 깨닫는 그날이 곧 오게 되리라 믿는다.

둘째, 속독速讀의 훈련

속독은 다독의 과정을 거친
다음에 하는 두 번째 훈련으로
써 다독을 통해서도 대체로 내
용들이 이해가 될 때부터 이제
는 그야말로 빠르게 독서를 하
는 것이다.

다독으로 책들을 이해하게 된 다음에는 빠르게 수없이 읽
고 또 읽고 읽어야 하는 훈련이 바로 속독의 훈련이다.

다독 역시 속독과 같은 맥락의 훈련이지만, 다독이 그야
말로 성경의 내용들을 알지 못하는 상태에서 빠르게 읽기
위한 훈련이라면, 다독을 깨우친 후, 이제는 그야말로 빠르
게 많은 양의 독서를 함으로써 그 책의 내용에 충실하도록
훈련을 하는 과정을 속독이라 하겠다.

셋째, 정독精讀의 훈련

정독은 그야말로 자세하고 세밀하게 연구하는 독서이다. 이러한 다독과 속독의 과정을 지나서 정독을 하게 된다면 많은 것을 깨우칠 수 있고 근본의 연구가 가능하게 된다.

왜냐하면 속독으로 이미 시
간의 규제를 벗어났기 때문에
얼마든지 마음만 먹으면 어떤
책이든 많은 분량의 독서를
할 수 있는 자신감으로 학문
을 연구할 수 있는 것이다.

한 번 책을 보는 사람하고 열 번 책을 보는 사람하고 비교를 한다면, 아무래도 한 자라도 더 들여다 본 사람의 연구가 더 깊은 관찰을 하지 않겠는가?

그러므로 다독→속독→정독의 과정을 거쳐서 정독을 하게 되면 독서의 백미를 즐길 줄 아는 사람이 될 수 있을 것이다.

넷째, 음독音讀의 훈련

음독은 다독과 속독과 정독의 의미를 마친 사람이 이제는
그 의미와 내용을 즐기면서 깊은 묵상을 할 때 필요한 독서
의 방법이다.

모든 깨달음을 입에 물고 음독하는 그 여유야말로 신선神
仙들의 가무歌舞가 아니고 무엇이겠는가?

그러므로, 음독音讀할 수 있는 그날까지 파이팅~!!

13. 영감靈感

영감이라는 말은 분명 이 땅의 말이나 언어가 아니다.

이 단어는 이 땅에서 사용하는 말이 아니라 신神들의 언어이며 하늘의 영적인 존재들의 일상 용어들이다.

그러나 이 땅에서도 이 단어를 사용하는 사람은 분명 영적인 사람이거나 하늘의 사람들이라고 생각된다.

이 영감은 어떻게 존재하며 어떻게 작용하며 어떻게 나타나는가?

이 영감에 대하여 느부갓네살 왕이 다니엘에게 사용한 단어를 보면 대략 영감의 뜻이 어떤 것인가 알 수 있다.

"오직 너는 능히 하리니 이는 거룩한 신들의 영이 네 안에 있음이니라." (단 4:18하)

영감이라는 말은 '거룩한 신들의 영'이 그 사람에게 함께 있을 때 이것을 '영감'이 그 속에 있다고 하기도 하고 그 사람은 영감이 있다고 표현하기도 한다.

느부갓네살 왕은 자신이 꾼 꿈을 바빌론의 박사와 박수들과 술객들 그리고 점쟁이들에게 해석하라고 하면서도 그 꿈의 내용은 이야기를 하지 않았다.

박사와 박수들과 술객들과 점쟁이들은 꿈 이야기를 말하면 풀이를 하겠다고 하였으나 느부갓네살 왕은 끝내 말하지 않았다.

만일 너희들이 신령한 박사와 박수들이라면 능히 이 비밀스러운 꿈이라도 하늘의 영감을 얻어서 알아 맞추어야 신령한 무리일 것이라는 일종의 테스트였다.

당시 바빌론의 박사와 점쟁이들은 느부갓네살 왕의 꿈을 알아내지 못하였고, 또 왕에게 장담하기를 이러한 비밀스러운 꿈을 맞출 사람은 아무도 없다고 장담하였으나 다니엘은 이 꿈의 내용을 속속들이 알아 맞췄다.

결국은 느부갓네살 왕의 추측이 맞았다. 하늘의 신령한 일들은 하늘의 거룩한 영이 있는 사람들이 맞출 수 있다는 신념 말이다.

그 말을 쉽게 표현한다면 곧 '영감'이 있는 사람은 신령한 일을 알아 맞추기도 하고 또 신령한 영이 있어야 한다는 것이다.

이러한 신령한 영을 어떻게 인간이 얻을 수 있을까?

다니엘 시대에는 그들의 경전, 즉 '모세오경', '역사서', '지혜문학서(시편·잠언·전도서·아가서)'등이 있어 이 경전을 통한 계속적인 영감을 얻고 있었다.

또한 민족의 위기 속에서는 항상 하나님의 특별한 인도가 그들에게 영감을 주었다. 이제 우리 기독교인들은 영감을 어떻게 얻고 어떻게 분별할 것인가?

미신迷信은 어떠한 경전이 없이 신접하여 개인의 경험과 행위에 의한 신접을 가지고 있을 때 그것을 미신의 행위 또는 샤머니즘이라고 말한다.

그러나 종교가 되기 위해서는 그 종교의 경전이 있을 때만이 종교로서 인정을 받는다.

오늘날 기독교가 왜 세계적인 종교로서 영향력을 가지게 되었는가? 그것은 세계 최고의 베스트셀러이면서 최고의 경전인 성경聖經이라는 책을 가지고 있기 때문이다.

그렇다면 기독교인들은 어디서 어떻게 영감을 얻을 수 있는가? 물론 성경이다. 성경을 통해서 영감을 얻고 또 성경을 통해서 그 영감도 검증檢證을 받아야 한다.

캐톨릭은 성경보다 교황의 신분을 더 우위優位를 두었으나 기독교는 교회나 목사나 어떠한 종교인이라 할지라도 성경보다 우위를 가질 수 없다. 그것이 모든 종교보다 탁월한 영감을 지닐 수 있게 한 것이다.

그러면 성경의 영감을 어떻게 얻을 것인가? 물론 성경을 많이 알고 그리고 많이 애독할 때 영감을 얻을 수 있다.

저자는 이러한 성경을 5분이라는 매우 짧은 시간에 100독이라는 초인적인 독서를 할 수 있다고 주장한다.

그것이 실제로 가능한 일인가? 그렇다, 모든 영사기를 보라. 한 프레임 한 프레임을 사진 찍어서 그것을 1초당 24장으로 영사기에서 돌린다면 그 사진은 정물화처럼 고정된 그림이 아니라 실제로 움직이는 활동 사진으로 되살아난다.

만일 독자들이 저자처럼 매일매일 성경을 2분대로 창세기에서 요한계시록까지 읽는 훈련을 10년을 넘게 한다면 5분에 100독을 하는 독서는 그리 어렵지 않다.

스냅 사진은 모양만 나타낼 뿐이지만 활동 영사기의 영화는 소리와 음향까지 담아내는 것처럼, 이러한 빠르기로 매일 성경을 대한다면 그 내용은 엄청나게 스펙터클*spectacles*한 영화가 되어 우리를 압도할 것이다.

우리는 가까운 영화관에서 9,000원만 내면 엄청난 사운드와 비주얼*visual*의 화려하고 컬러풀*colorful*한 영화를 언제든지 볼 수 있다.

이러한 영화는 엄청난 비용으로 수많은 사람들이 공을 들여서 치밀하게 찍어서 만든 작품인 것을 잘 안다.

성경도 하나님의 신神인 성령께서 수많은 인류의 주연배우와 엑스트라들을 감동하여 각 장면마다 공을 들여 사진을 찍듯이 만들어 놓은 엄청난 대작大作이다.

성경 속에 담긴 이야기들은 하늘의 메시지*message*를 담고 있는 그야말로 명작 중의 명작인 휴먼 스토리*human story*인 것이다.

이러한 이야기들을 한 장 한 장 사진처럼 영상화하여 IT 기술 중 사진들을 조합할 수 있는 기술로 그것을 동시에 움직이는 영화로 연결하여 상영을 하였다고 가정하여 보자.

그것을 우리는 가장 짧은 한 시간에 모두 관람을 하였고, 감동을 받고, 하나님의 뜻에 대하여 섭리에 대하여 순식간에 이해하게 되었다.

그런데 이 영화를 매일매일 10번씩 관람을 계속하게 된다면 우리는 눈감고도 이 영상물을 이해할 수 있게 된다.

눈을 감고도 이제는 성경의 방대한 분량의 스토리를 이해하고 있는데 그것을 매일 같이 10번씩, 20번씩 반복을 한다면, 아무리 방대한 성경의 분량이라 할지라도 시간은 점점 단축되어 마침내는 5분에 100번을 볼 수 있는 혜안慧眼이 생기는 것은 당연하지 않은가?

이것이 상상력의 힘이다. 우리는 어떠한 일이나 영상을 반복하게 되면 시간을 단축시킬 능력이 생기고, 그리고 그것을 순식간에 해석해서 안 보고도 설명할 수 있다.

이러한 능력은 상상력을 이용할 수 있는 사람은 누구나 할 수 있는 능력이다.

우리는 이것을 성경에 적용하여 계시록에서 말하는 '사도 요한'처럼 두루마리 책을 순식간에 먹어서 소화하여야 한다.

이렇게 깨달은 성경은 우리 입에서는 꿀같이 달아지고, 배에서는 쓰게 되는 진리의 도道를 알게 된다.

저자는 이러한 성경의 글자들을 암호화하고 그림화하였을 때 어느 날 갑자기 성경의 인물들이 움직이는 것을 느꼈고 마침내는 그들이 말을 하는 소리가 들려오기 시작하였다.

그래서 순간순간 이러한 영상이 눈에 비치기도 하고 소리도 듣는 경험을 하게 되었다.

저자의 이러한 경험을 성경 속에서만이 얻을 수 있는 영감이라고 생각하고 싶다. 그래서 나는 이러한 경험을 이 책을 통해서 고백하고자 하는 것이다.

성경을 통해서 영감을 얻고자 한다면 저자처럼 성경을 5분에 100독씩 읽어 보라. 그리하면 저자처럼 보고 듣는 날이 올 것이다.

14. 고기를 잡는 도구들

동네 연못에서 낚시를 하는 강태공이 있다고 생각해 보자. 연못에서는 바다에 사는 커다란 물고기가 존재하지 않는다.

그래서 낚시를 할 때는 그저 그런 평범한 낚시를 할 수 있지만, 그러나 만일 바다에서 낚시를 하고자 하고 그리고 그 물고기가 8m짜리 상어나 25m짜리 쇠고래라고 한다면 결코 연못에서 사용하던 낚시를 가지고 그것들을 잡겠다는 생각을 못할 것이다.

우리가 성경을 읽고 또 그 내용을 이해하기 위한 훈련을 위해서 일반 서적과 성경을 똑같이 취급하거나 똑같다는 생각으로 성경 독서에 접근한다면 앞에서 이야기한 연못에서 고기 잡던 사람이 바다에서 낚시를 가지고 고래를 잡겠다는 생각을 하는 사람과 별반 다를 바가 없는 것이다.

그만큼 성경이라고 하는 책은 보통의 책과는 바다의 쇠고래와 연못의 잉어 만큼 엄청난 차이가 있는 책이라고 생각해야 한다.

바다의 어마어마한 고기를 잡으려면 그 연장부터 달라야 하고 고기를 잡는 기술 자체도 달리 해야 할 것이다.

보통 사람들이 성경을 한 권의 책이라고 생각하는 것은 보편화된 성경을 외장外裝으로 볼 때 가죽이 씌워지고 약간 두껍다는 것 외에는 특별한 차이를 못 느끼기 때문이다.

성경은 일반 책과 다르다. 그 크기나 내용 면에서도 상당한 차이가 있다.

이렇게 방대하고 난해한 책은 한두 번이나 혹은 수십 번이나 읽어서 깨달아지는 책이 아니다.

성경은 최소한 수천 번에서 수만 번에 이르는 독서가 아니고는 이해할 수 없는 경전經典임에는 틀림이 없다.

그러므로 성경을 바라보는 시각을 조정하라. 그리고 그 크기를 생각하고 당신의 뇌 속에 성경 전체를 담을 만한 용량을 넓히기 위해 성경의 지식을 쌓아 놓으라.

성경의 크기가 25m짜리 쇠고래 같은 크기의 물고기라고 한다면, 그러면 당신은 바다 같은 크기의 생각과 마음으로 성경을 품어야 한다. 아니 사실은 거대한 우주를 품에 안은 하늘의 사람으로 성장해야 한다는 말이 옳을 것이다.

예수께서는 성경에 대하여 어떻게 말씀하셨나?

"…이 성경이 내게 대하여 증언하는 것이니라." (요 5:39)
라고 말씀하셨다.

그렇다면 성경이 큰가, 예수 그리스도가 큰가? 다시 말해서 성경이 중요한가, 예수 그리스도가 중요한가?

예수를 믿는 이들은 성경보다 더 귀한 존재들이다. 그러므로 성경보다 더 커야 한다는 것은 기정 사실이 아니겠는가?

15. 상상想像으로 보는 성경

앞에서도 상상想像이라는 뜻에 대한 설명을 하였다. 상상으로 보는 성경이라는 말의 뜻은 우리의 시각적인 능력을 최고로 발휘하여 우리의 뇌에 각인을 시킨 다음에 그것을 상상으로 조합하여 성경을 이해하는 능력을 키우는 훈련을 의미한다.

이러한 훈련을 어떻게 하는 것이며 실제적으로 어떻게 상상으로 성경을 읽고 또 이해하는가에 대하여 설명하려 한다.

성경을 이해하는데 상상력을 동원하여 성경을 볼 수 있다는 것인데 그것이 어떻게 실제로 가능한 것이며 또 그렇게 하기 위해서 어떻게 해야 하는가?

성경은 66권으로 1,189장으로 되어 있고, 35,000여 구절로 표현되어 있다.

이렇게 많은 글자와 방대한 내용은 모두 인명人名과 지명地名으로 되어 있으며, 전달 방식은 이야기의 방식으로 구성되어 있어 현대인들이 이해하기가 매우 쉽고 심플simple하게 기록되어 있다.

그래서 성경을 처음에는 3~5분대로 한 장씩 넘기는 훈련을 시작해서 약 3,000독까지 시간을 정해놓고 지속적으로 넘기는 훈련과 보는 훈련을 동시에 해야 한다.

그러나 훈련 과정이 결코 쉽지는 않다. 왜냐하면 뜻도 글도 모르는 내용을 지속적으로 넘기기만 하면서 3~6개월 간을 버틴다는 것은 그야말로 지옥 훈련이기 때문이다.

매일매일 무료하게 성경을 넘기기만 한다면 그것은 재미 없고 지루한 일이 아닐 수 없다.

그러는 사이에 잡다한 생각도 들고 부정적인 생각이 파고들기 때문에 대부분 훈련이 고되고 힘들어서 포기를 하는 것이 아니라 부정적인 생각에서 발생한 상실감과 열등감으로 중도에 포기를 하는 사례가 많다.

이 문제에 대하여 저자는 부정적인 생각을 떨쳐버리고 긍정의 마인드를 갖기 위해서 수많은 기도와 찬송과 성구聖句로 자신을 독려하고 위로하며 자신감을 높였다.

무료한 훈련이 계속되다 보면 자신에 대하여 분노가 일어나 그 격정을 참지 못해서 성경을 집어 내동댕이를 치기도 하였다.

그러나 어쨌든 자존감自尊感을 갖고 자부심을 키우고 자신감을 높여서 지속적으로 성경을 눈으로 보는 훈련을 거듭하게 되면 그 횟수가 많아질수록 성경에 대한 애착과 열정이 뜨겁게 일어나는 것을 경험하게 된다.

이렇게 성경을 보고 또 보는 훈련이 거듭되다 보면 마침내 인명과 지명들이 팝콘처럼 튀어 올라오기도 하고 기억 속으로 광선처럼 날아와 나의 뇌리에 박히는 경험도 하게 될 것이다.

그렇게 지속적으로 골든 타이밍*golden timing*을 놓치지 않고 전력 질주하면, 어느 임계 온도*critical temperature* 정점에서부터는 아주 평안하게 글들이 눈에 잡히는 것을 느끼게 된다.

저자는 이러한 사건들을 일일이 메모하면서 묵상하는 시간을 가졌다.

이렇게 훈련하면서 단어가 하나씩 이해가 되고 눈에 스치고 지나가다가 뇌리에 파편처럼 날아와 박히는 알 수 없는 무수한 글자들을 묵상하다가 보면, 그것들이 얼마 안 가서 한 구절로 연결되고, 그리고 한 문장으로 조합되면서 성경 66권에 대한 전체적인 안목이 서서히 자라나는 것을 알게 된다.

마치 성경의 산이 서서히 입체를 띠면서 평면적인 도면의 개념에서 3차원, 4차원의 형태로 입체감이 생기고 명암이 드리워지며 컬러풀한 색상이 입혀진다.

마침내는 성경의 주역들의 얼굴들이 되살아나는 느낌을 받는다. 그것들이 퍼즐처럼 하나씩 하나씩 조합을 이루면서 그 의미와 모양이 그림처럼 느껴지게 된다.

수많은 상想이 모여지고 그것들이 연결되면서 어느 날 몇 분 만에 신·구약 성경의 전체가 순간적으로 번개 빛에 비치듯이 비쳐지고 그 형상과 역량과 크기가 감感이 잡히는 놀라운 경험을 하게 된다.

이러한 오감五感(보고 듣고 만지고 냄새 맡고 맛보는 감각)이 동원된 성경 독서가 바로 상상력으로 보는 **"성경상상다독법"**이다.

온몸으로 부딪치면서 읽고 보는 종합적인 독서 훈련이라고 말할 수 있다.

16. 매직 넘버

『아웃라이어 *OUT LIERS*』를 쓴 '말 콤 글래드웰 *Macolm. Gladwell*'은 성 공의 기회를 발견한 사람들을 연구 하면서 공통적인 성공의 요인을 발 견하였다.

그것은 성공하기 위해서는 어느 사람이건 간에 모두가 매직 넘버의 숫자를 충분히 넘긴 사실이라는 것이다.

매직 넘버라는 것은 지성인이 되건, 예술인이건 스포츠 선 수이건 간에 모두 자신의 분야에 1만 시간의 매직 넘버(연습 시간)를 거쳐 훈련하고 연습하여 그 넘버를 채운 사람들이라 는 것을 발견한 것이다.

참고로 1만 시간이라는 것은 하루 3시간씩 10년을 훈련하 거나 연습한 시간의 숫자이다.

그래서 어느 한 분야의 전문가로서 성공하려면 1만 시간의 매직 넘버를 채우라고 말하고 있다. 나는 말콤 글래드웰의 말에 전적으로 동감한다.

왜냐하면 자신의 전공의 전문가가 되기 위해서는, 수많은 노력과 훈련이 수반되지 않으면 결코 전문적인 지식과 능력을 갖기 어렵다는 것을 경험했기 때문이다.

저자도 성경 한 권을 가지고 매일같이 5~10독을 지속적으로 6개월을 훈련했을 때 비로소 성경의 내용들이 눈에 들어 왔다.

그리고 그 후로 10년을 지속적으로 거듭된 훈련을 통해서 성경의 영감을 경험하게 되었기 때문이다.

당신도 신·구약 성경을 5분에 100독을 하며 성경을 깨닫고 싶은가?

그렇다면 매직 넘버를 채워야 한다. 그러나 나는 좀 더 혹독한 요구를 하고 싶다.

성경을 포기하지 말고 보일 때까지 계속 보라고 말하고 싶다. 성경을 보고 또 보라, 읽고 또 읽으라. 그리하면 성경은 보이리니….

'구하라, 그러면 너희에게 주실 것이요. 찾으라, 그러면 찾을 것이요. 문을 두드리라, 그러면 너희에게 열릴 것이니. 구하는 이마다 얻을 것이요, 찾는 이가 찾을 것이요, 두드리는 이에게 열릴 것이니라.' (마 7:7-8)

17. 찬송과 기도와 땀

성경은 일반 책과 다르다고 거듭 강조하고 싶다.
'로마에 가면 로마의 법을 따르라'는 속담이 있다.

성경은 그야말로 하나님의 영감에 감동을 받아 그대로 기록된 책이다. 그렇다면 성경만큼은 영감이 있어야 해석이 가능하다는 것은 당연한 이치이다.

성경은 살아있는 책으로써 자신의 생체 리듬, 즉 영감을 가지고 있다. 성경을 이해하고 많이 빨리 읽으려면 바로 이 성경 자신의 생체리듬과 부합해야 한다.

그러기 위해서 어떻게 하면 성경을 읽는 독자가 영감으로 충만할 수 있을까?

하늘의 영감을 갖기 위해서 다른 왕도王道가 없다. 성경을 읽고 다독을 하는 목적이라면 당연히 '기도와 찬송과 땀으로 읽기'를 적극 추천한다.

또 그렇게 하지 않으면 성경의 문은 절대 열리지 않기 때문이다. 성경을 다독하기 위해서는 영감을 지녔어도 엄청난 에너지와 노력과 땀을 흘려야 한다.

노력하지 않고 자격 없는 이방인에게나 불신자에게 성경은 스스로 결코 그 비밀을 열어 보이지 아니 한다.

성경을 다독할 때에 왜 '찬송과 기도'가 필요한가?

이 세상에는 영적인 존재가 있어 불신자가 하나님의 자녀가 되는 것을 매우 싫어할 뿐만 아니라 성경에 대한 지식을 쌓고자 할 때도 무서운 적개심으로 훼방을 한다.

성경을 읽고자 하는 사람이라면 오직 그 일을 방해하기 위해 목숨을 걸고 훼방하는 마귀들의 도전과 시험을 받게 되어 있다.

그렇기에 저자 또한 경험했듯이 성경을 다독할 때 열등감과 무력감, 그리고 분노가 참을 수 없을 정도로 일어나는 것이다.

모든 부정적인 생각을 떨쳐 버리고 지속적으로 상상다독훈련을 하려면, 자연히 찬송가와 기도로 대응하지 않으면 성공할 수가 없다.

저자가 상상다독훈련을 하면서 힘이 들 때에 가장 많이 읊조린 성경 구절은 다음의 말이었다.

"할 수 있거든이 무슨 말이냐, 믿는 자에게는 능히 하지 못할 일이 없느니라." (막 9:23)

18. 영靈의 힘Power

이 시대는 그야말로 광속의 시대요, 능력의 시대이다.

세상에 존재하는 가장 큰 힘 중 하나는 원자의 핵으로 이루어진 원자력이다. 가장 작게 존재하는 원자의 존재가 바로 가장 큰 힘을 만들어 낸다.

이 원자의 힘이 빛의 속도에서 기원한다는 것을 입증한 것이 아인슈타인의 '상대성 원리' $E=MC^2$이다.

가장 빠른 것이 가장 큰 힘이라는 말이다.

그러나 우주 공간에서는 빛의 속도도 그렇게 커다란 힘이
아니다.

빛의 속도를 가지고는 우주의 세계를 자유롭게 활보할 수
가 없다. 빛의 속도도 우주의 공간에서는 지구 속에 존재하
는 원시적인 시간일 뿐이다.

우주 공간을 최소 4.2광년에서 최대 130억 광년으로 가야
도달할 수 있는 곳이 우주의 행성이기 때문에 지구에서 존
재하는 빛의 속도조차도 우주의 공간에서는 그저 미미한 힘
에 지나지 않는다.

그렇다면 우주의 공간을 자유롭게 다닐 수 있는 힘의 원천
은 무엇인가?

이것을 해결하기 위해서 현대 과학자들은 인간을 우주선
에 싣고 빛의 속도보다 더 빨리 갈 수 있는 신新 물질을 찾고
있다.
아인슈타인이 발견한 원자력보다 더 강력한 에너지가 있을
것이라는 희망으로 그것을 찾는다.

그러나 이러한 빛의 속도와 원자력보다 더 강력한 에너지에 대해 이미 성경이 말하고 있으며, 또 성경의 위대한 인물들은 그 신神적인 힘, 에너지로 순간이동과 능력을 사용하고 있었다.

창세기의 천지창조를 보면 빛보다 더 큰 힘이 존재하고 있음을 전제하고 있다.

"태초에 하나님이 천지를 창조하시니라. 땅이 혼돈하고 공허하며 흑암이 깊음 위에 있고 하나님의 신은 수면에 운행하시니라. 하나님이 가라사대 빛이 있으라 하시매 빛이 있었고"

(창 1:1-2)

이 구절에서 빛의 근원을 만들어 내는 원천의 힘이 소개되어 있다.

"하나님의 신神은 수면에 운행하시니라."

땅이 혼돈하고 공허하며 흑암이 깊음 위에 있는 그 무엇의 힘이 존재하여 움직이고 있는 것을 주목하여야 한다.

이 힘은 '창조주'라는 의미가 아니라 창조주에 의해서 움직이는 피조물들을 주목한다. 그것을 성경은 "하나님의 신" (창 1:2)이라고 소개하고 있다.

'하나님의 신'은 빛을 창조해낸 강력한 힘이다.

이는 "**하나님의 신-빛-궁창-시간-사시사철-물-나무와-생명**"들이 창조되었다는 창조의 순환계를 말하고 있다.

빛의 능력과 힘은 어디서 나오는가? 그것들은 영靈이라는 비물질의 힘으로 조정되고 움직이고 관리된다.

그래서 육신의 인간들이 육을 떠나 영적인 존재가 되면 이러한 신神의 물질을 자연스럽게 사용하면서 우주 공간의 벽을 순간 이동하며 활동을 한다.

성경은 이러한 일들을 이렇게 명료明瞭하게 설명한다.

"살리는 것은 영이니 육肉은 무익하니라. 내가 너희에게 이른 말이 영이요 생명이라." (요 6:63)

육의 문화는 빛 속에서 제한을 받는 존재로서 시간의 한계 속에 갇혀 있다. 빛과 시간의 한계를 벗어날 수 있는 것은 '영靈'의 능력 밖에는 없다.

영적인 존재들은 다 빛의 제한을 받지 않는 존재로 시간과 공간에 갇혀 있지 않는다.

영적인 존재들은 빛과 시간과 공간의 제약을 받지 않고 무한대의 시공 속에서 생명이냐 비생명이냐의 심판 속에 그 희비가 엇갈리게 된다.

성경을 자세히 보면 하나님의 존재들, 즉 천사들이나 위대한 성경의 위인들은 빛과 시간과 공간의 벽을 뚫고서 인간의 역사에 직접 또는 간접적으로 관여하고 있다.

예수께서도 육신으로 계실 때에는 시간과 공간의 제한을 받으면서 활동을 하셨다. 그러나 그가 부활하신 후에 제자들과 여러 곳에서 만날 약속을 하시며 신출귀몰 하셨던 것을 보면 시간과 공간의 제한을 받지 않으셨다.

"이날 곧 안식 후 첫 날 저녁 때에 제자들이 유대인들을 두려워하여 모인 곳에 문들을 닫았더니 예수께서 오사 가운데 서서 가라사대 너희에게 평강이 있을지어다." (요 20:19)

'여드레를 지나서 제자들이 다시 집안에 있을 때에 도마도 함께 있고 문들이 닫혔는데 예수께서 오사 가운데 서서 가라사대 너희에게 평강이 있을지어다 하시고' (요 20:26)

"저희 눈이 밝아져 그인 줄 알아보더니 예수는 저희에게 보이지 아니 하시는지라." (눅 24:31)

부활 후의 예수는 신출귀몰神出鬼沒하는 사역을 하셨다. 제자들과 함께는 하시되 그들과 생활은 같이 하지는 않으시고 영靈으로 순간이동을 하면서 의심하고 두려워하는 제자들을 각기 만나 사역을 하셨다.

먼저 제자들이 유대인들을 두려워하여 문을 잠그고 모인 자리에 나타나셔서 말씀을 나누셨고 그리고 사라지셨다.

제자 중 도마는 마침 그 자리에 없었는데, 이후에 도마가 돌아오자 다른 제자들에게 살아나신 예수의 이야기를 듣고서도 그는 눈으로 보고 직접 손으로 만져보지 않고는 믿지 않겠노라 하여 그 후에 예수께서 도마도 있는 현장에 나타나셔서 그와 말씀을 나누셨다.

또 그는 엠마오로 가는 두 제자들에게도 나타나셔서 그들과 동행하며 말씀하시다가 식사 자리에서 축사하시며 사라지셨다.

예수께서 육신의 부활 후에 영적인 존재가 되어서는 제자들과 함께 동행하지 아니하시고 어디를 그렇게 바쁘신지 잠깐씩만 나타나셨다가 사라지는 사역이 계속된다.

순간 이동과 닫혀 있는 공간을 투과하여 들어오시고 그리고 또 사라지시는 그 분의 영은 도대체 어떤 신비한 능력의 신新물질을 이용하고 계시는가 궁금하기도 하다.

이는 영이라는 신물질로 빛과 시간과 공간을 초월하여 이동을 하시며 자연계와 우주의 벽을 순간 이동함으로써 빛의 힘보다 더 강력한 힘을 보여 주고 있다.

비단 예수만이 아니라 성경의 위인들 즉 모세와 엘리야, 그리고 에녹과 가브리엘 천사장과 미카엘 천사장들은 모두 이러한 영적인 힘을 자연스럽게 사용하면서 사역을 하는 것을 보게 된다.

영靈의 파워*Power*란 무엇인가?

빛의 속도를 추월하여 물질계를 자연스럽게 다룰 수 있는 힘이다.
인간은 육신을 가지고 물질계에서 빛과 시간과 공간의 제한을 받는 존재이다.

그렇지만 또 한편으로는 영적인 힘을 체험하고 공감共感할 수 있는 영적인 존재이기도 하다.

그러므로 육적인 힘에만 의존하지 말고 영적인 파워가 필요할 때는 영적인 힘을 자연스럽게 이용하여 물질계에서 해결 할 수 없는 난제들을 해결하여야 한다.

물론 개인의 차이와 능력의 한계가 있겠지만 성경에는 다음과 같은 구절이 있다.

"내가 진실로 진실로 너희에게 이르노니 나를 믿는 자는 나의 하는 일을 저도 할 것이요 또한 이보다 큰 것도 하리니 이는 내가 아버지께로 감이니라.
너희가 내 이름으로 무엇이든지 내게 구하면 내가 시행하리니." (요 14:12-13)

"할 수 있거든이 무슨 말이냐. 믿는 자에게는 능치 못할 일이 없느니라." (막 9:23)

19. 입에서는 달고 배에서는 쓰게 되리라

'입에서는 달고 배에서는 쓰게 되리라.' (계10:11)

이 말은 사도 요한이 천사에게 작은 두루마리 책을 받으면서 이 말씀을 받았다. 이 말의 의미는 진리를 깨달을 때는 그 희열이 입 속의 꿀 같은 단맛처럼 기쁨을 의미한다.

말씀은 귀로 듣고 깨우치는 것이지 입으로 먹고 깨우치는 것이 아니다. 그럼에도 불구하고 천사는 왜 요한에게 이러한 말을 하는 것일까?

그러나 이 말씀은 사실이다. 영적인 존재들은 하나님의 말씀이나 자신들의 대화도 눈으로 보고 눈으로 먹는 것이 행위로 되어 있다.

하나님의 말씀은 소리로서도 먹고, 눈으로 먹는 영의 양식이다. 그래서 천사는 사도 요한에게 '이 책을 갖다 먹어 버리라'고 말하는 것이다.

이 사실에 대해 사도 요한은 먹는 방법이나 요령을 가르쳐 달라고 하지 않고 천사의 손에서 받은 작은 두루마리 책을 순식간에 먹음으로써 천사의 명령에 순종을 한다.

그랬더니 천사의 말처럼 입에서는 달고, 배에서는 쓰게 되었다고 고백하고 있다.

나는 이 소재를 가지고 서두에서 언급하였는데 재삼 언급하는 것 같지만, 사실은 좀 더 사실적으로 다루려고 한다.

하나님의 말씀은 그저 입으로만 먹고 깨우치는 양식이 아니다. 이 양식은 듣고 행함으로써 깨우치는 영의 양식이다.

'내 형제들아, 만일 사람이 믿음이 있노라 하고 행함이 없으면 무슨 이익이 있으리요. 그 믿음이 능히 자기를 구원하겠느냐.' (약 2:14)

'이와 같이 행함이 없는 믿음은 그 자체가 죽은 것이라.'

(약 2:17)

'네가 보거니와 믿음이 그의 행함과 함께 일하고 행함으로 믿음이 온전케 되었느니라.' (약 2:22)

'이로 보건대 사람이 행함으로 의롭다 하심을 받고 믿음으로만 아니니라.' (약 2:24)

'영혼 없는 몸이 죽은 것 같이 행함이 없는 믿음은 죽은 것이니라.' (약 2:26)

야고보 사도는 예수님의 동생으로서 친히 많은 것을 보고 배운 제자 중의 하나이다.

특히 야고보 사도는 믿음만을 강조하지 않고 오히려 행함을 강조하였다.

이 말씀은 '작은 두루마리 책을 먹었을 때' 그것이 입에서는 달게 느껴지는 깨달음에 비유하는 말씀이지만, '배에서는 쓰게 되리라' 라고 하는 이 말씀은 행함으로써 깨닫는 믿음의 고백이다.

그러므로 성경의 진리는 믿음으로만이 아닌 "행함"으로 옳은 믿음의 행위를 보이는 역설, 패러독스*paradox*이다.

믿음은 마음으로 믿고, 입으로만 시인하여 얻는 구원은 모든 영적인 존재들이 겪는 신앙의 행위이다.

그러나 육을 가진 인간은 '믿음과 행위'를 동시에 고백하고 행동으로 옮겨서 인정을 받아야 하는 진리의 존재이다.

그 믿음의 행위가 배에서는 쓰게 되는 행위의 양식이다.
'가라사대 내게는 너희가 알지 못하는 먹을 양식이 있느니라.' (요 4:32)

'예수께서 이르시되 나의 양식은 나를 보내신 이의 뜻을 행하며 그의 일을 온전히 이루는 이것이니라.' (요 4:34)

예수께서는 이 양식에 대하여 이렇게 말씀하신다. 행함으로 먹는 또 하나의 양식이 있다. 그것은 '나를 보내신 이의 뜻을 행하며 그의 일을 온전히 이루는 이것이다.'고 말씀하신다.

이 양식이 바로 '행위로 먹는 하늘의 양식'이다. 예수께서 소개하신 그 양식과 사도 요한에게 책을 먹으라는 천사의 양식 즉 '배에서는 쓰게 되리라'의 양식이 바로 육신을 가진 사람들이 먹어야 하는 행위의 양식이다.

이 양식이 있는 사람은 환난을 통과하고 승리하여 검증을 받게 될 것이요, 믿음만 얻은 구원을 얻은 자는 '불 속에서 타다가 건져낸 부지깽이처럼 겨우 제 몸 하나만 구원을 얻는 사람'이 될 것이다.

그러므로 입에서 달고 깨달은 말씀을 행위로 옮겨서 검증 받는 구원자가 되기를 사모하자.

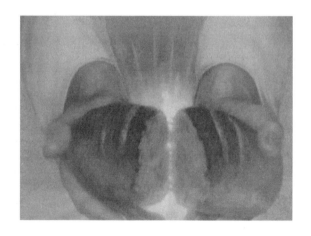

20. 나의 외도外道와 야인野人의 생활

이제 나의 개인적인 신앙과 야인의 생활을 이야기하는 시간이 왔다.

부끄럽지만 나의 생각과 그 동안 목사로서의 고민스럽고 힘들었던 생활과 신앙을 고백하고자 한다.

나는 성결교 목사로 1990년도에 목사 안수를 받았다. 안양에서 이미 전도사의 훈련과 함께 1985년도부터 개척교회를 하였다.

개척은 누구에게나 힘든 일이듯 나에게도 7년 간의 안양 개척교회는 힘든 과정의 연속이었다.

사실 나는 목회자로서 뜻한 바가 없었다. 나는 이미 형님과 매형들이 목회자로서 고생하는 모습들을 일찍이 보아왔기에 목회자의 길에는 전혀 관심이 없었다.

그러나 군대에 입대하여 거듭남의 경험을 통해서 신학대학에 가게 되었다. 1979년도에 국군마산통합병원에서 의병제대를 하면서 목회자의 길을 걷게 되었다.

누군가 나에게 목회자의 사명이 있다고 말한 군대 선배(25사단 군종)의 말에 동의하지는 아니하였지만 그러나 시간이 흐르면서 나는 강력한 부르심에 두 손을 들게 되었다.

그대신 나는 확실한 목회자가 되기 위해 군대 제대를 10개월 앞둔 상태에서 기드온의 소명에 의한 증거(사사기 6:36-40)처럼, '지금 제대'하는 것을 소명의 증표로 구했다.

그러자 7일 금식하라는 명령이 마음 속으로 들려왔다. 나는 그 명령도 검증하기 위해 다시 7일 철야 기도를 국군마산통합병원 교회에서 먼저 하고 확신한 후에야 비로소 7일 금식 기도를 하게 되었다.

그러나 나는 국군마산통합병원의 환자로서 결핵약을 매끼니마다 3번을 먹어야 하는 상황이었고, 7일 금식 기도를 하는 것은 매우 무모한 모험이었다.

한 끼만 금식을 해도 즉시 후송 조치를 당하리 만큼 가혹한 처벌을 받는 상태에서 무려 7일 동안 그것도 매일 하루 3끼씩, 간호 장교들의 감시를 피해서 21끼의 결핵약을 숨겨야 한다는 것은 어리석은 시도였다.

그러나 이러한 금식기도를 무사히 끝낸 후에 불과 보름 만에 제대관보 명령을 받고 급행 제대를 하게 되었다.

집에 돌아온 나는 가족들로부터 의심을 받기도 하였다. 그러나 이것이 나의 목회 소명에 대한 부르심의 증거라고 확신하고 신학교에 들어와 목회자가 되었다.

안양에서의 전도사로 7년 동안 개척 교회를 시무하여 목사 안수를 받았고, 부산으로 내려와 1년 여의 목회를 하고 다시 서울로 올라 와서 개척하여 사당동에서 2년 동안 목회를 하였다.

그 후 미국 뉴욕으로 와서 '유니카 롬 한인교회'에서 1년간 시무하다가 다시 한국으로 와서 연세대학교연합신학대학원 동문 초대사무총장으로 총회의 인준을 걸쳐 선출되어 7년여 동안 유관 목회 사역을 하였다.

한국교회와 민족을 위한 큰 그림의 목회를 꿈꾸던 나는 동료 목회자들의 모함으로 사임을 강요 당하였다.

그때로부터 현재까지 10년 동안의 나의 야인野人생활이 시작되었다. 그저 평범한 목회자를 꿈꾸었더라면, 이토록 아내와 두 아들들에게 고생은 안 시켰을 텐데 강력한 소명에 부름 받아 목회자가 되었으나 가시밭 같은 고난의 생활은 연속되었다.

그리고 문화 목회로 종로 5가 사거리에서 '카페 목회'를 하는 마담 목사가 되었다. 그리고 보니 목회 사역도 올해로 벌써 30년째인 것이다.

지나간 세월을 뒤돌아 보니 '상처 뿐인 영광'의 세월이 아닌가 생각된다.

내게는 그나마 그 쓰디쓴 30년이 영광의 세월이라 위안이라도 되건만, 아내와 아들들에게는 그저 부질 없는 변명일 뿐이다.

그 사이 청춘은 가고 30여 년 동안에 악전고투를 하며 보낸 세월 속에 아무런 위안도 없이 그저 쓰디쓴 세월 30년을 가시밭길처럼 이리저리 찔리며 피의 족적足笑을 남겼다.
영광을 바라고 목회를 시작했겠느냐만 이토록 쓰디 쓰고 곤혹스러울 줄은 꿈속에서조차 생각지 못했다.

그래서인지는 몰라도 나는 성경 중에서도 욥기서를 유난히 좋아하게 되었고, 내 마음에 가장 위안이 되었다.

사도 요한이 천사에게 받은 작은 두루마리 책을 먹은 후에는 '입에서는 달되, 배에서는 쓰게 되더라'는 말씀이 백방으로 이해가 되었다.

배에서조차 느낄 수 있는 쓴 맛이야말로 진리의 느낌임을 입에서 단내가 날 정도로 고난을 겪게 되면 비로소 깨닫게 되는 것이다.

'배에서 쓰게 되리라'는 이 진리는 지각으로 깨닫는 것이 아니라, 온몸으로 부딪쳐서 자신의 몸이 처절할 정도로 깨져야 깨닫는 진리인 것이다.

누군가 "인내는 쓰나 열매는 달다"고 했던가?
그 인내의 쓴맛은 어느 감각으로 느끼는 것인가?
입맛인가 아니면 몸으로 느끼는 감정의 맛인가?

아니다. 그 쓴맛은 뱃속에서 느껴지는 것이다. 저 깊은 곱창 속 어디엔가 응어리져 똘똘 말려 숨어 있다가 어느 순간 억 하고 올라오는 그 감정, 그 슬픔, 그 느낌이 바로 인생의 쓰디쓴 고난 후에 오는 고통으로서 뱃속에서만이 느낄 수 있는 진리이다.

성경은 천사를 통하여 사도 요한에게 이 진리를 깨우치게 되리라는 것을 보여 주고 있다. 어찌 되었든 진리의 말씀은 배에서 쓰게 되는 경험을 말한다.

그냥 평범하게 교회를 맡아 시무를 하면 이 정도까지야 고생을 하지 않았을 것을 왜 유난스런 꿈을 꾸면서 이런 고생을 해야 했나 하는 생각이 종종 든다. *(마누라에게 호되게 바가지를 긁힌 뒤엔 반드시…)*

그 유난스런 꿈의 내용은 이렇다. 한국교회와 목회자들, 성도들에게 장차 다가올 대환란의 날에 문화 목회라는 새로운 양식의 목회를 제시하고 인도하는 꿈이 바로 내가 꾸었던 한국교회의 미래를 위한 꿈이다.

창세기 37장에서 요셉이 잘난 두 번의 꿈을 꾼 뒤로 인생이 꼬여 갖은 고생을 하게 된다. 그래도 요셉은 그 이후 13년 만에 애급의 총리가 되었지만, 나는 30여 년을 야인의 무명 생활을 면하지 못하고 있다.

물론 유명해지는 것이 목표는 아니며 그 누구가 알아준다는 것은 호사스런 소망이다. 그저 무시나 당하지 않으면 족하다,

그것도 형제들에게, 나의 자녀들에게 실망을 안겨주는 애
비가 되었다고 생각하니 한 없이 마음이 무겁고 괴로운 시간
속에서 한 걸음씩 족적을 옮길 때마다 그 느낌을 느끼며 홀
로 걷는다는 소외감은 고독 그 자체이다. 이것이 나의 야인
의 외도外道에서 오는 고난이라고 생각된다.

못난 생각이겠지, 저 못나서 고생하는 것 가지고 남의 탓
이나 하고 신세 타령이나 하는 것이라고 충고를 하고 싶은
사람도 있을 것이다만은, 그러나 당하는 사람에게는 자신의
고난이 제일 힘들고 고통스럽다. 그렇지만 그 모진 고난의
주인공이 바로 하필이면 왜 나인지를 생각할수록 자신을 저
주하고 자책하는 자신을 본다.

때때로 자신도 밉지만 그렇게 그런 길로 인도하고 있는 내
천사들을 생각하면 저주를 하고 싶을 정도로 괴로워했었다.

어찌되었든 나의 야인의 생활은 외롭고, 힘들고, 불편하다.
가장 가까운 족속들(형제들, 자식들, 아내)에게 무시 당하는
그것이 가장 괴로운 고문이라는 것 당해 보면 알 것이다.

자살을 하고 싶어도 지옥이 있는 게 확실하니 자살도 하지도 못하고, 하소연 할 데도 없고, 이러지도 저러지도 못한다.

욥기를 보면 욥기 3장에서부터 자신을 원망하는 글이 나오는데 처음에는 이해가 잘 안 되었으나 고난을 겪은 후부터는 백 번은 더 그 심정이 이해가 되었다.

비록 욥과 같은 고난이라고는 아니지만 어쨌든 괴로운 것은 '오십 보 백 보'가 아닌가 하는 생각이 든다.

꿈은 좋았는데, 고난은 왜 이리 길고 힘들고 어려운지, 그래서 뱃속에서 쓴 물이 난다는 말도 일리가 있게 들린다.

그저 야인의 생활이 외도의 대가代價라는 것을 좀 알아주기를 바랄 뿐이다.

21. 카페 마담이 되어야 했던 사모와 목사

2006년 6월, 카페 목회가 시작되었다. 작은 형님이 찾아와서 '하나님이 너하고 목회를 하라고 하신다.'는 말과 함께 정확히 6개월 후에 카페 목회를 시작하게 되었다.

종로 5가 사거리의 2층, 예전에는 '갈릴리 카페'였고, 20년을 형님 친구가 운영하던 곳이다.

그 전 40년간 이 곳 이름은 '호산나 다방'이었다고 한다. 그리고 내가 7년째 이 자리를 지키고 있으니 이 다방은 무려 67년 된 기독교 다방이요, 카페인 셈이다.

그래서 60년 전 단골 손님들이 간혹 찾아와 옛날 이야기를 들려 주어 알게 되었지만, 첫 번째 마담 언니는 이북에서 어머니와 함께 피난을 내려와 시집도 안 가고 여기서 '호산나 다방'을 운영을 했는데 꽤 잘 되었다고 한다.

그 때 그 시절을 잊지 못해 찾아온 단골 손님은 벌써 80이 넘어 90을 바라보는 노인들인데, 그 다방 마담의 이름도 기억하고 차근차근 이야기를 들려주었다.

그 마담의 성姓이 'O마담'이었다고 했다. 얼굴도 예뻤지만, 친절하고 싹싹하고 제법 다방을 잘 운영해서 많은 단골 손님들이 북적였다고 했다.

당시 삼양, 두산 기업이 영세하였을 때 이곳 호산나 다방은 그 기업의 사장님들이 유일하게 모여서 이야기하며 회의를 할 수 있는 장소였다.

그런데 O마담은 예쁘고 센스도 있어 많은 뭇 남성들의 사랑과 관심을 한 몸에 받았다.

그때는 강남 개발이 한창 진행될 때라서 단골 손님 중 기업 사장 한 분이 O마담에게 돈을 벌려면 강남 땅을 사라고 하여 O마담은 한 푼 두 푼 모은 돈으로 강남에다 땅을 사두었다 한다.

이렇게 해서 O마담은 시의 적절한 타이밍을 맞추어 강남에서 그야말로 땅부자가 되었다. 지금도 아직 그 시절을 못 잊고 찾아오는 손님들이 있다.

어떤 손님은 O마담을 사랑하게 되어 결혼을 결심하였는데 다방여자라 하여 절대 결혼불가를 선언한 부모님의 반대에 부딪쳐 결혼을 포기했다 한다.

그리고 미국으로 유학을 떠나서 이제 90을 바라보는 노인이 되어 고국 땅에 돌아왔는데 아직도 결혼을 포기한 미련과 아쉬움이 있어 시간만 되면 이곳 종로 5가 카페에 와서 한 두 시간씩 창가에 우두커니 앉아 있다가 가는 손님이다.

때때로 이 손님은 던킨 도너츠를 한 박스씩 사가지고 와서 건네 주며 하는 말이 '언젠가는 O마담이 꼭 한 번은 올 텐데 그때 연락처를 받아 두었다가 내게 전해 달라.'고 신신당부하며 돌아가는 모습이 너무도 애처롭고 안타까워 보였다.

벌써 몇 번을 이렇게 도너츠를 사와서 그녀의 신상을 묻는 노인은 자못 진지하다 못해 불쌍한 마음이 들 정도였다.

이렇게 이곳에 별별 사연을 갖고 찾아 오는 이들로 아침부터 저녁까지 북적이는 그야말로 시장통 사거리에 있는 카페이다. 상상조차 못할 사기꾼들과 브로커와 이야기꾼들이 저마다 목표와 사연을 가지고 모여든다.

나와 아내는 목회와 유관 목회(동문회 사무총장)를 비롯해서 일반 목회 30년을 안양과 부산, 서울, 미국 등지에서 하다가 '문화 목회'가 온다는 생각에 카페 목회 일선에 나서게 되었다.

그래서 탄생된 것이 '에브리데이 크리스마스 카페 & 교회'이다. 월요일부터 토요일까지는 일을 하고, 주일에는 쉬고 주일 예배를 드린다.

앞으로는 도심都心 목회와 선교는 이렇게 카페를 가지고 선교지에서 일하면서 전도하고 목회하는 사역이 되어야 한다는 생각이다.

그리고 도심의 요지에 이러한 카페를 곳곳에 포진하여 그야말로 사도 바울처럼, 자비량 목회 및 선교사를 양성하고, 그의 자녀들과 선교사들의 일자리도 창출하여 돕는 것이 카페 목회의 목적이다.

그런데 처음에는 목사 부부가 다방 마담을 하는 것은 말도 안 된다고 반대하던 주인 할머니(강남의 세계에서 제일 큰 감리교회 권사)는 마음에 감동이 왔다면서 100억의 십일조를 하겠다 하였다.

자신과 형제들의 소유지인 김포 땅이 부동산 규제가 풀려 1,000억대로 뛰었다고 하면서 이 땅을 팔면 십일조를 하겠노라고 하면서 기도를 부탁했다.

이렇게 상상조차 하기 힘든 일들이 카페에서 일어난다. 또한 유명한 가짜 장로와 권사가 우리 카페 교회에 교묘히 들어온 적도 있었다.

이들은 자신들의 신분을 숨기면서 외국계 기관에서 많은 돈을 지원받아 한국에서 사업을 하려고 하는데 곧 그 돈이 풀릴 거라며 온갖 거짓과 사기로 허황된 꿈으로 조장하며 이곳을 자신의 아지트로 삼았다.

이들은 이곳 카페를 매일 출근하다시피 하면서 교묘한 방법으로 영업을 하였다. 커피는 언제나 무료로 마시고, 심지어 저녁 식사까지 해결을 하면서 돈 자랑을 은근히 늘어 놓아 우리들의 환심을 샀다.

우리는 이들을 신실한 사람으로 믿게 되었고 이 사기꾼들은 이러한 기회를 호기로 삼아 우리와 주변에 있는 이들에게 사기극을 시작했다.

이렇게 오늘 내일 하면서 금방 풀린다는 거액의 돈은 시간이 흘러도 해결 되지 않았다. 오히려 그럴 때마다 상황에 맞게 여러 가지 이유를 대면서 시간을 끌었고, 그것을 깨달았을 때는 이미 3년 6개월이 지나 돈은 있는대로 사기를 맞은 상태였다.

그 동안 심증은 있으나 물증이 없어 의심만 하던 차에 이상한 동태動態를 눈치 챈 어느 날 나는 이들을 모두 쫓아내었다.

그리고 다가온 후폭풍으로 허무함, 배신감, 실망, 분노와 상실감이 휘몰아쳐 이루 형용할 수 없이 괴롭고 힘들었다.

거짓이 남기고 간 상처와 그리고 사람들에 대한 불신은 생각보다 심각한 우울증으로 전이轉移되었다. 이때부터 나는 자신감을 잃게 되고, 사람들이 싫어지고 의욕이 상실되었다.

꿈과 희망이 사라지자 마음속으로부터 온 깊은 피로감이 의욕을 꺾어 놓았고 아내는 피로와 상실감으로 인하여 황달에 시달리게 되었다.

오랫동안 단골로 오시던 한의사 원장님이 한의약과 침으로 마음의 병을 치유하여 주었다. 공진단과 오작건양단과 영신환 등등의 여러 가지 약재의 효능을 알려 주어 만들어 먹었다.

이렇게 우여곡절을 겪으며 어느덧 카페 목회도 7년 차를 맞이하였지만 이제 카페 목회를 정리하고자 한다. 돈이 없어서가 아니다.

위로부터의 거역할 수 없는 소명감이 우리의 마음을 움직여 시작을 하였지만, 이제는 모든 것을 내려 놓고 조용한 곳에 가서 쉬라고 하는 메시지로 받아들이고 여기서 조용히 물러나고자 한다.

카페 목회도 그렇게 쉬운 일은 아니다. 왜 나는 이렇게 힘든 일, 돈이 안 되는 일만 하는지 스스로도 알 수가 없다.

아내도 아이들도 힘들어서 아빠를 원망하다 못해 좌절하는 모습은 눈 뜨고는 볼 수 없는 고통을 겪었다.

'하갈은 차마 아들이 기갈로 죽는 모습은 볼 수 없어 울부 짖었다'는 성경 구절의 심정이 이해가 갔다.

속으로는 나도 울부짖었지만 평정을 유지하기 위해 어금니를 꼭 깨물었다.

'가짜 장로와 가짜 권사'는 우리 맏아들의 첫 직장에서 벌어온 월급을 몽땅 사기 쳐서 갈취한 뒤에 곧 준다면서 차일피일 미루다가 끝내는 도망하였다. 내 아이들마저 유린하고 속인 것이다.

비인간적으로 사람을 먹는 것도 모자라 자식까지 잡아 먹는 식인종 중에 가장 비열한 인간 말종末種임을 뼛속까지 저리도록 느낄 때마다 '이것까지도 참으라.' (눅 22:51)는 성경 구절이 한없이 원망스럽기도 했다.

나의 두 아들들은 그들을 보고, 기독교에 환멸을 느꼈다고 몇 번이나 울분을 터뜨리며 분노했다.

나는 그저 무능한 나의 책임인 것을 인정하며, 쓰디쓴 눈물을 안으로 삼켜야 했다. 지금에 와 생각하면 그 쓰디쓴 맛이 배 속으로 깨닫는 진리였다. 그 말씀이 바로 '배 속에서는 쓰게 되리라'(계 10:11)는 의미인 것을 이러한 고통을 통해서 이제야 알게 되었다.

건물주인 권사도 어느덧 마음이 변해서 지난 날 십일조를 하겠다는 것을 취소해 달라며, 없던 일로 하자고 하였다.

나는 이 일로 3일 금식을 9회에 걸쳐 하면서 하나님께 기도로 매달렸다. 그리고 마지막으로 그 권사를 찾아가서 예배를 드리며 이러한 내용을 이야기하자 더 이상 말을 잇지 못하게 하며 도저히 더 이상은 들을 수가 없다고 하면서 연락을 주겠다고 하더니 우리를 쫓아냈다.

아내와 나는 밖으로 쫓겨났고, 그 권사(건물주인)는 사흘 동안 기도해 보고 결정하겠다고 하였다.

사흘 후에 그 권사(건물주인)는 가게로 찾아와서 십일조는 없던 일로 하고 우리가 선물한 공진단 50개를 되돌려주고, 전에 먹었던 100개의 공진단 값을 집세에서 제하자고 하였고 그것을 끝으로 약속 헌금은 끝내 거절하였다.

나는 또 한 번의 실망을 맛보았다. '사기꾼 장로와 권사'에 이어 '교회에 잘 다닌다는 권사'는 자신의 약속을 7년 만에 하루 아침에 없던 것으로 해 달라고 하면서 일방적으로 취소를 하였다.

기가 막힐 노릇이다. 어째서 나는 이다지도 운도 없고 환난에 불행만 다가오는지 알 수 없는 일이다.

속으로 끓어오르는 분을 삭이다 못해 남의 말을 잘 믿는 내 자신이 미워졌다.

이제는 여기서 조용히 물러나는 것이다. 더 이상 죄를 짓지 말고 우리의 소명은 여기까지라고 생각하고 물러나는 것이 현명한 판단이라고 생각했다.

이제 카페를 내놓았는데 카페를 인수하겠다고 오겠다는 사람도 안 오고 벌써 삼 년을 넘기고 있다.

의욕을 잃고, 실제로 카페를 부동산에 내놓고 카페를 유지한다는 것이 얼마나 힘든 일인가는 해보지 않으면 알 수가 없다.

인수하겠다는 사람이 나타나 흥정을 하는데 엄청난 물질적 손해를 감수하고 7년 만에 카페를 정리하였다.

그래도 우리는 할 말은 있다. 최소한 7년 동안 카페에서 문화 목회를 경영했다는 것, 그 하나의 경력만 남기고 카페 사업과 목회를 떠났다.

그 사기꾼 장로와 권사만 아니었으면 중도에 이렇게 카페와 목회를 그만 두지는 않았을 거란 생각도 든다.

사기꾼들이 카페와 목회에 끼친 영향은 너무나 허황되었고 성도들의 마음은 허무해져서 복음을 받아들일 신성한 믿음은 더 이상 자리를 잡지 못하고 모두 떠나고야 말았다.

엎친 데 덮친 격으로 건물주 권사의 변심(100억의 십일조 약속)과 무례함은 이곳을 떠나야겠다는 결심으로 이어져 주저 없이 카페의 문을 닫게 되었다.

이 사실을 잘 아는 주변의 지인들은, 그 건물주 집에 날마다 찾아가서 괴롭히면 얼마의 돈을 받을 수 있다고 조언을 했지만, 나는 절대로 그렇게는 못할 몇 가지 이유가 있다.

첫째, 나는 돈의 욕심이 없다.

둘째, 나는 목사이다. 그런 방법으로 하나님의 일을 할 수 없다.

셋째, 하나님의 일은 인간의 방법과 욕심으로 이루어서는 안 된다는 것이 나의 철학이다. 아니 그것은 나의 철학이 아니라 성경의 뜻이라고 확신한다.

마지막으로 카페를 정리하고 떠날 때, 건물주를 따끔하게 경고를 하고 혼을 내었다.

"어떻게 대교회의 감리교 권사라는 사람이 지키지 못할 약속을 함부로 남발하고, 그렇게 쉽게 취소하고, 예배를 도중에 중지시켜 목사를 밖으로 내쫓을 수 있는가? 27년 동안 목회를 하면서, 당신 같은 못된 권사를 처음 겪습니다!!"

건물주 권사는 어안이 벙벙해서 놀란 눈으로 입을 다물지 못하고 한동안 나를 쳐다보았다. 주변에서 존경 받고, 돈 있다고 행세 꽤나 하다가 이렇게 목사에게 호되게 면전에서 야단을 맞기는 처음이리라.

어쨌든 하나님의 심판을 기다리면서 그곳을 그렇게 떠나왔다. 호되게 야단 맞은 건물주 권사는 얼굴을 못 들고 줄행랑을 쳤다.

신실한 크리스찬들의 명예를 짓밟고, 교회의 명예를 더럽히는 교회의 목사, 장로, 권사들이 종로 5가 주변에 몰려 다니고 있다.

조만간 '카페 마담이 된 목사 이야기'로 이곳에서 일어나는 천태만상의 일들을 책으로 써서 남기려고 한다.

22. 나의 성경다독 이야기

신학교 3학년 때의 어느 날, 우연히 학교 알림판에서 '담임 목회자'를 찾는다는 광고를 보고, 그곳에 찾아갔다.

내가 다니는 신학교 앞에 있던 '시온교회'였는데 담임 전도사라는 분이 나를 보고는 '목사님이세요?' 하고 물었다.

'아니요, 저는 지금 기독교학과 3학년입니다.'고 대답을 하며 이력서를 건네 주었다. 말 없이 이력서를 본 담임 전도사는 머리를 약간 갸웃하면서 혼잣말로 '어렵겠는데' 하며 중얼거렸다. 그래도 무슨 말이 더 있을까 해서 머리를 숙이고 말 없이 앉아 있는 나에게 그 시온교회 담임 전도사는 이런 말을 하였다.

지금 그 게시판을 보고 다녀가신 7~8명이 이력서를 제출하고 갔는데, 그 중에는 목사님도 있고, 학교를 졸업한 전도사들, 현재 4학년 전도사도 있는데 그 중에 유일하게 내가 3학년 재학생이라고 하면서 가망성이 없을 것 같다는 것이다.

나는 그제서야 그 말의 진의를 알아 듣고 인사를 하고 돌아서서 나왔다.

그 후 일주일이 지나서 그 담임 전도사한테서 전화가 걸려왔다. 빨리 시온교회로 와서 교회를 인수할 준비를 하고 오라는 전갈이었다.

어떻게 나에게까지 순서가 되어 후임으로 선정되었는지 조차 영문도 모른 채 시온교회를 인수했다. 교인들은 모두 떠나고 여집사 한 분과 주일학교 어린이 몇 명이 남았다.

그리고 중학교 학생 두세 명이 전부라고 하면서, 보증금은 300만원이 있는데 집 주인하고 계약이 만료되어 한두 달 안에 이사 가기로 했으니 적당한 장소로 옮기는 게 좋을 것 같다고 하였다.

이렇게 해서 통장의 300만원의 보증금과 교회의 장의자 12개, 강대상, 의자 3개, 앰프, 잡동사니를 인수 받고 그 후로부터 나는 성결교 신학교 3학년 초에 담임 전도사가 되어 개척교회를 또 다시 개척해야 하게 되었다.

통합 측 장로교인으로 성장하고, 중고등학교 시절엔 큰 형님 따라서 서대문 순복음교회 중고등부를 다니다가 군대 제대 후 친구 따라 성결교 신학대학을 다니게 되었다.

그리고는 친척이나 선후배가 없는 곳에서 다시 시작하는 개척교회를 하게 되었다.

목회 경험이라는 것은 신학교 2학년 때 서울온수중앙성결교회와 부평감리교회에서 중고등부, 청년부, 성가대 지휘를 잠시 맡은 것이 고작이었던 신학교 3학년의 신출내기가 교인도 없는 교회를 다시 개척해가야 하는 담임 전도사가 된 것이다.

그때 일을 생각하면 아찔하다. 지금 같아선 어림도 없는 결정이지만, 그 당시에는 그저 당연한 결정이었다.

그야말로 '무식하면 용감하다'는 말이 이를 보고 하는 말이다. 야간 신학교를 다니면서 새벽 기도와 수요 예배, 금요 구역예배, 철야 기도회, 주일 예배, 저녁 예배를 전부 혼자서 해내야 했던 수련기였다.

설교는 보통 새벽 기도회부터 주일 저녁 예배까지 한 주에 12회를 매주 쉬지 않고 해야 했다.

이렇게 3년을 하다가 보니까 나중엔 설교할 이야깃거리가 없어, 친구 전도사들과 서로 설교의 제목과 내용을 교환해 가면서까지 엄청난 분량의 설교거리를 찾아 헤매게 되었다.

그러던 어느 날, 대학 축제가 5월에 시작되었다. 그 때 성경 세미나가 열린다는 포스터와 현수막을 보고는 우연히 성경속독 세미나에 참석하게 되었다.

세미나에서는 성경속독을 시범으로 보여주었는데, 그것은 내가 여태껏 전혀 보지 못한 충격적인 성경속독법이었다.

성경을 아무런 망설임이나 주저함 없이 그저 넘기는데 그 성경의 글자들을 다 본다고 하였다. 물론 이해도 다 된다고 하였다.

이렇게 해서 하루에 성경을 2~3번씩 성경을 속독한다는 말을 듣고 얼마나 놀랐는지 모른다.

'성경을 저렇게만 볼 수 있다면 그보다 더 좋을 수는 없을 것이다.'

그때부터 나는 그 능력을 꼭 배워야 한다는 절대 희망 속에서 그 강사가 하는 속독학원에 다니게 되었다.

학원은 서울 아현동에 있었고 나는 새벽반 강의를 듣기 위해서는 새벽 예배를 인도하고 바로 올라가야만 했다.

이렇게 해서 나의 성경속독 훈련이 시작되었다.

그때가 1985년 6월이었으니 지금부터 꼭 30년 전의 이야기이다.

속독 학원에서 하는 일반적인 속독 훈련은 처음에는 눈동자를 굴리는 훈련에서부터 시작해서 집중적으로 쳐다보는 집중력 훈련과 성경을 넘기는 훈련을 하였다.

그러나 나는 3개월도 못 가서 포기하고 말았다.

속독을 하면 할수록 절망감이 나를 휘감았고, 나는 안 된다는 의심이 점점 더 강하게 나를 벼랑 위로 올려세우고 마지막엔 절망 속으로 밀어 떨어뜨렸다.

이러한 부정적인 사고 방식과 싸울 때 한 가지가 또 괴롭히는 것이 있는데 그것은 파도처럼 밀려 오는 피곤과 무력감이었다.

왜 이렇게 성경만 넘기면 눈이 피곤한지 눈알이 앞으로 쏟아지는 것처럼 눈이 저절로 감겼다. 마침내는 졸음 속으로 빠지면서 그만 성경책 속에 코를 박고 잠을 자는 것이 매번 반복 되었다.

이러한 경험을 수 차례 반복하면서 성경속독은 아무런 의미가 없어지고 의욕도 희망도 없이 그저 성경 넘기기만 반복하다가 점점 실망 속으로 빠져들었다.

마침내는 좌절감과 패배감이 교차하면서 속았다는 극단적인 생각에 배신감으로 분노가 일어났다.

결국은 이렇게 하다 하다 안 되어 마침내는 두 손을 들고 포기하게 되었다. 포기할 수 밖에 없는 절대 무능의 시간과 무력감은 마음속에 커다란 '패배 의식'의 상처를 남기고 말았다.

세월은 빠르게 지나고 어느덧 18년의 세월이 훌쩍 지나고 말았다.

성경에 곤고困苦하고 답답할 즈음에 다시 성경속독을 해야겠다는 생각이 들었다. 그러나 실패의 상처가 다시 되살아나 망설이게 되었다.

그래서 나는 18년 전에 실패했던 원인을 곰곰히 생각했다. 그때 실패의 상처로 좌절과 절망감의 충격이 컸기 때문에 그때의 성경속독법을 다시 생각하여 나만의 방법, 즉 내게 맞는 성경속독 훈련을 연구하게 되었다.

그리고 그 때 실패했던 원인을 생각하면서 나에게 맞는 성경속독은 어떤 것이어야 할까를 고심하면서 시작한 성경속독법이 바로 '성경상상다독법'이다.

성경을 많이 보고, 자세히 보는 방법으로는 가장 빠르게 보아야만 성경을 가장 많이 볼 수 있다는 생각에 우선 빠르게 보는 방법을 찾아야 했다.

그래서 이해가 가든 안 가든 상관 없이 가장 빠르게 보는 훈련부터 하는 것이다.

성경을 가장 빠르게 보는 것이 되었을 때, 비로소 성경을 자세히 볼 수 있게 된다. 이렇게 하기 위해서는 많은 시간을 투자하여 지속적으로 성경을 넘기는 훈련에 전력을 쏟아야 한다.

자신의 체력과 컨디션이 가장 좋은 시간을 선택하여 전력 투구해야 짧은 시간에 많은 효과를 얻을 수 있게 된다.

그리고 그 시간에 집중하면서 성경을 넘기는 그 횟수와 소요되는 시간까지도 꼼꼼히 기록하여 성경속독의 속도와 글씨의 변화 데이터를 기록하면서 자신의 능력을 키우는 것이 '성경상상다독훈련'이다.

나에게 있어서 가장 빠른 성경속독 소요 기록은 신약의 경우, 약 1분 50초이다. 보통 한 번을 평균적인 시간으로 계산하면 2분 30초대가 평균적인 시간이다.

이렇게 하루에 3시간 이상을 투자하여 꾸준히 3개월을 넘길 때 비로소 성경의 글씨들이 변화하면서 선명하게 조율이 되고, 내용도 깊게 넓게 이해하게 되는 놀라운 현상이 일어나기 시작했다.

특이사항으로 성경의 글들이 수면 위로 물고기들이 튀어오르는 현상같이 글자들이 책 장(張) 위로 튀어오르는 현상이 보였다.

그 글들은 파편같이 조각난 글씨들로 단어를 이루기 전의 글씨들이다.

처음엔 단지 의미 없는 글자였으나 시간이 흐르면서 단어로 묶여지기 시작하였고, 그리고 한 절씩 이해가 되었으며, 그 후에는 한 장씩 이해가 되어지기 시작하였다.

수면 위로 튀어 오르는 물고기 같은 의미 없는 외자外字 파편들이 선명하게 읽히는 것이다.

그 후에는 성경의 인명. 지명이 눈에 들어오면서 이해가 되었다.

이 훈련을 6개월을 지속하자 성경 낱장의 내용들이 상상 속에서 읽혀지는 것을 체험하였다.

그리고 성경다독 중에 읽은 성경 속의 사건들이 종종 현실로 순간이동 되어 직접 체험하게 되는 경험을 하였다.

그것이 꿈 같기도 하고 환상 같기도 한 신기한 경험이었다.

성경다독을 하고 있을 때, 그 시간에 나는 이미 현실과 과거의 시간차를 극복하여 시간을 거슬러 올라가 구약시대에 가 있었고, 성경의 위인들의 고민과 울부짖는 포효咆哮와 속삭이는 밀어密語들을 현장에서 들었다.

이러한 문화적인 충격과 감동을 나 혼자 갖고 있기에는 너무 안타까웠다. 이러한 놀라운 희소식을 공유하고 함께 나누어야 한다는 생각에 흥분과 기쁨을 억누를 수 없을 정도였다.

그때가 2002년도였으니까 지금으로부터 꼭 13년 전에 이러한 경험을 한 것이다.그 때의 놀랍고도 생생한 체험을 바탕으로 '상상想像의 성경'을 다독하게 되면 '상상성경속독'을 할 수 있다는 것을 주제로 책을 쓰고 있는 지금이다.

어떻게 성경을 상상으로 읽고 또 이해를 할 수 있는가?

그것은 그다지 어렵지 않다. 상상이 우리의 심상心想 속에 각인되려면 많은 훈련이 절대 필요하다. 훈련과 연습을 거듭하게 되면 우리의 심상에는 상상의 잔영殘影이 남게 된다.

그것이 어느 순간에는 형상으로 나타나기 때문에 자동으로 작동하여 우주와 엄청난 거리 공간을 순간적으로 초월하는 능력이 발휘되어 상상 모드mode로 바뀌게 된다.

그리고 꾸준한 훈련을 통해서 자신의 신체적인 약점과 강점을 파악한 후에 거기에 맞는 훈련을 집중적으로 하는 것이다. 이렇게 지속적으로 장시간을 훈련하게 되면 드디어 상상想像의 성경이 열리게 되는 것이다.

성경이 어떻게 상상으로 볼 수 있는 성경이 될 수 있고, 어떻게 상상으로 성경을 이해하느냐 하는 것을 굳이 말로 설명하면 이렇다.

우리가 보는 모든 영상물은 상상력의 소산물들이다. 처음에 없는 것을 지속적으로 보는 훈련을 하면 상상으로 전환되어 그 대상을 몰입하게 되고 몰입한 대상은 상상력想像力으로 이어진다.

그리고 해답을 얻을 수 있는 능력이 상상력 안에 내재하고 있음을 경험해 본 사람은 알게 되는 것이다.

아인슈타인은 자신의 경험을 통해서 이런 말을 하였다.

"지식보다는 상상력이 더 중요하다. 지식은 한계가 있지만 상상력은 우주를 품고도 남는다."

영화의 한 장면을 상상해 보자. 영화 속의 자연스러운 모션motion은 1/1000초의 순간으로 캡처capture된 영상물이다.

이것을 한 장씩 현상하면 움직이지 않는 사진에 불과하지만, 그러나 그것을 필름으로 연결하여 1초에 24장으로 돌리게 되면 그것은 사진이 아니라 현실 속에서 살아 움직이는 영화가 된다.

성경의 이야기들은 6,000년 전부터 2,000년 전까지의 지나간 시대를 살다간 인물들의 다큐멘터리documentary이다.

성경에 담긴 각각의 이야기는 그 인물들의 생각과 행동을 담은 한 장의 스냅 사진이자 한 장의 문서이다.

성경의 다큐멘터리를 한 장의 사진으로 인화하여 앨범으로 만들고 그것을 배우들을 동원해서 필름으로 촬영하고 그것을 상영한다면 우리는 그것을 영화처럼 보고 그들의 애환과 스토리에 울고 웃을 수 있게 된다.

이것이 가능할까? 이 질문을 영사기가 없던 시절에 태어난 콜럼버스(*Christopher Columbus*, 1451~1506, 신대륙을 발견한 탐험가)에게 물었다면 불가능하다고 대답할 것이다.

그러나 이 시대를 사는 우리에게 묻는다면 영화관에 가서 영화를 본 경험이 있는 사람이라면 누구나 당연하게 가능하다고 대답할 것이다.

만약 여러분들이 저자처럼 2분대에 성경(신·구약)을 한 번 보고, 그것을 하루에 10독에서 30독을 반복적으로 5년간 계속 훈련했다고 가정을 해 본다면, 그리고 그 성경을 5분에 100독을 한 경험을 가졌다면 저자의 이러한 이야기가 터무니 없는 소리라고 생각하지 않을 것이다.

아인슈타인의 이야기처럼 상상력은 시간과 공간을 초월하는 힘이 있다.

성경에서 일어나는 기적 같은 이야기들은 모두 시공을 초월하는 이야기들이다.

성경의 위인들은 이러한 능력들을 일상처럼 사용하는 사람들이다. 이러한 능력은 영적으로 경험한 사람들에게는 가능한 이야기들이며 당연한 이야기이다.

저자는 성경을 6,000독을 하는 과정에서 이러한 현상들을 경험하였고, 이러한 경험을 한 후부터는 상상으로 성경을 읽을 수 있음을 알게 되었다.

여러분들도 저자가 경험한 이 '성경상상다독 훈련'을 한다면 틀림없이 저자가 경험한 것을 하리라고 믿는다. 뿐만 아니라 이보다 더 큰 영적인 경험을 하리라고 생각한다.

그리고 그 성경의 줄거리를 상상한다면 시간과 공간을 초월하여 우주 끝 몇 백 광년의 거리에 있는 행성까지도 언제든 도달하는 절대 자유로운 존재가 될 것이다.

도대체 이러한 능력과 발상이 어디에서 왔을까? 그것은 상상의 나래를 달아준 성경에서 무엇이든지 할 수 있다는 긍정의 마인드를 배웠기 때문이다.

성경에는 이러한 성구聖句가 있다.

'할 수 있거든이 무슨 말이냐, 믿는 자에게는 능치 못할 일이 없느니라.' (막 9:23)

이 말씀은 인간의 세계 뿐 아니라 우주의 공간을 자유롭게 활보하는 영적인 존재들, 즉 천사들에게도 해당되는 말씀이다.

나에게 있어 성경다독 훈련의 세계는 고난의 연속이었지만 사실 그것들이 나로 하여금 상상의 날개를 달아주었고, 상상想像의 능력을 키워 주었다.

이제 성경의 마인드로 상상하며 세계를 아우르고 우주를 향하여 포효咆哮하자. 모든 천사들은 인간을 돕기 위해 일하고 있으며, 성경은 자신을 이긴 자들이 활동하는 무대이다.

자기 자신과의 싸움에서 이긴 자는 이미 우주와의 싸움에서 이긴 자이며, '진리의 아들'이다.

23. 불광불급不狂不及 2

이 이야기는 필자의 저서 『나비독서』에서 이미 언급하였기에 2라는 연속 번호를 붙여 설명하고자 한다.

한 마디로 '어떤 일이든 미치지 않으면, 그 정상에 도달할 수 없다.'는 의미이다.

나는 성경다독을 위해서 십여 년 간을 미쳐서 살았다.
미치지 않고는 될 수 없는 일, 홀로 걸어가는 정신이란 남들이 손가락질을 하든 말든, 출세에 보탬이 되든 말든 혼자서 뚜벅뚜벅 걸어가는 정신이다.

이리 재고 저리 재고, 이것저것 따지기만 해서는 전문의 기예, 즉 어느 한 분야의 특출한 전문가가 될 수 없다.

기왕지사 읽어야 한다면 성경에 한 번 미쳐보자는 것이다. 다른 일도 미치지 않으면 도달할 수 없고 이해할 수 없는데 하물며 성경은 더하지 않겠나 싶다.

그래서 기왕이면 가치 있고 힘든 일, 즉 성경에 도전하여 5분에 신·구약 성경을 100번을 읽고 상상하는 일에 도전을 한 번 해보라는 것이다.

그러기 위해서는 성경에 미쳐야 한다.
한 마디로 불광불급不狂不及이다.

누군가에 의해 처음으로 성경을 그렇게 빠르게 읽고 이해하는 것이 가능하다는 것을 알게 된 그때로부터 시작해서 30년의 시간이 흘렀다.

처음 몇 달은 막연한 열심으로 달려들었다가 자신의 한계를 느끼고 자포자기 하였을 때는 품었던 희망 만큼의 절망이 내려 앉았고, 희망을 가졌을 때의 기쁨만큼이나 힘들어하고 괴로워하였다.

그리고 긴 시간이 지나서 그 동안 까맣게 잊고 살다가 다시 한 번 성경속독에 대하여 재도전을 해야겠다는 용기를 갖게 되었다. 그리고 지난 날의 실패의 원인을 살펴서 신중하고 일관성 있게 인내를 가지고 다시 시작하게 되었다.

3개월의 피나는 훈련을 하는 동안 작은 성과들이 나타나기 시작하였다. 조그마한 변화였지만, 그것은 가능성의 신호였기에 그 순간 감격과 감동으로 눈물을 흘렸다.

그때의 그 기쁨은 지난 날의 실패와 좌절보다도 더욱 크고 달콤했다. 그리고 성경다독으로 독서 시간을 극복하여 처음에 꿈을 가졌던 그대로의 꿈이 이루어졌다.

우리가 갖고자 하는 꿈과 희망은 반드시 이루어질 수 있다는 것을 확인했던 순간이다.

그리고 그 꿈과 희망을 성취하려면 그저 그렇게 쉽게 이루어지는 것이 아니라 반드시 그 꿈 만큼의 노력과 정성을 들여야 하고 실패와 고난과 시간의 대가를 반드시 지불해야만 한다는 것을 뼈저리게 깨달았다.

결코 '상상성경다독법'은 쉬운 것만은 아니라는 것을 말하고 싶어 '불광불급不狂不及'을 들어 이야기한 것이다.

쉽지만은 않은 꿈이다. 그러나 이러한 능력은 자신을 얼마나 크고 깊게 사물을 관조할 수 있는 능력을 주는지는 경험을 해 본 사람만이 안다.

성경을 알 수 있다는 것은 우주를 한 손에 들고 깊은 눈으로 관조觀照할 수 있는 능력을 말한다. 성경은 인간의 문화가 아니고, 신들의 문화이고, 신들의 언어이다.

다만 인간의 언어와 이야기로 기록되었을 뿐이다. 그렇기에 많은 부분이 베일에 가리워져 있다. 사람들은 저마다 해석을 하고 옳다고 믿고 그것을 신조로 자신을 믿게 할 뿐 아니라 주위의 사람들에게 나쁜 영향을 주고 있다.

그러니 성경을 자신이 확실하게 깨닫고 간다고 하는 것만큼의 중요한 일이 세상에 또 어디에 있을까?

이 세상에 존재하는 모든 책 가운데 성경만큼 인류 문명에 많은 영향을 주고 있는 책이 또 어디에 있을까?

아마도 성경만큼의 영향력을 가진 책은 과거에도 없었지만 앞으로도 없을 것이다.

그러니 성경을 깨닫고 이해하고 세상을 산다고 하는 것은 우리의 삶에 꿈만큼 중요한 자리를 차지하는 일이다.

나는 이 글을 통해서 성경에 있는 모호하고 난해한 부분에 대해서 거의 이해를 하게 되었다고 감히 고백한다.

성경 전체를 깨달았다는 것이 아니라 최소한 내 자신이 가지고 있는 의문과 궁금점은 깨달았다는 것이다.

내가 깨달은 것은 미미微微하다. 그러나 내 자신에게 있어서는 아주 큰 문제를 해결한 것이다.

독자들도 이러한 독서법으로 자신의 벽을 넘어 성경이라는 거대한 산과 거대한 폭풍의 파도를 넘을 수만 있다면, 그 성취를 무엇과 바꾸며 무엇에 비교할 수 있겠는가?

나는 감히 당신에게 말한다.

만일 지금 진로進路 설정에 대해서 고민하고 있다면 이 방법이 반드시 도움이 될 것이라는 것을 확신해도 좋다.

'미치지 않으면, 도달할 수 없다.'

불광불급不狂不及…, 이 말은 누가 했는지 모르겠지만 맞는 말이다.

24. 오직 성경으로

어떤 책을 읽고, 그것을 깨닫기 위해서는 참고서가 필요한 것은 당연하다. 그래서 많은 주석註釋의 책들이 있고, 가이드 책이 있는 것이리라.

그러나 성경을 이해하고 그것을 깨닫기 위해서 연구하는 사람이라면 오직 성경 외에는 더 좋은 책은 없다고 단언斷言한다.

성경을 이해하고 그것을 연구하기 위해서 또 다른 도구를 이용하는 사람들이 있는데 그것보다는 오직 성경 한 권만을 가지고 그것에 집착하고 그것으로 훈련을 하게 된다면 그 동안 보지 못하고 느끼지 못했던 많은 부분들을 손수 체험하게 된다.

저자도 오직 성경만으로 훈련하고 읽고 또 읽으며, 보고 또 보면서 느낀 많은 부분이 우리가 가지고 있는 육체의 육감肉感으로부터 전해지는 감각에서도 많은 부분을 느꼈고 배우게 되었다.

　학문과 글이라는 문자는 단지 시각視覺적인 부분만 의지해서 깨달아지는 것이 아니라 육체의 육감으로도 많은 부분을 감지한다는 것을 알아야 한다.

　생각해 보라. 시각장애인들이 사물을 인지하고 느끼고 깨닫는 지식과 정상적인 사람들과의 차이는 얼마나 있을까? 거의 똑같은 수준에서 문화를 공통으로 영위하고 소통하고 있지 않은가?

　아마존에 존재하는 많은 물고기나 수중 동물들이 시각視覺이 없어도 감각感覺만으로도 훌륭하게 생존하고 있다는 사실도 이것을 입증해 주고 있다.

저자는 이러한 훈련을 거듭하면서 성경을 손에서 느껴지는 감각과 시각을 동시에 활용하여 시간의 속도를 최상으로 올려서 훈련을 했을 때, 눈의 감각이 빠른 속도에도 반응과 적응을 동시에 하면서 이해할 수 있음을 깨달았다.

신·구약 성경 1,189장을 2분~3분 사이에 다 넘기면서 그 사이 사이의 순간 속에 움직이는 글을 읽어낸다는 것은 그 동안 불가능하다고 생각하여 시도조차 하지 않았던 일이었다.

그러나 한 번 해보시라. 5분에 100독을 주파하면서 넘길 때에 성경과 우리의 뇌와 눈이 어떻게 반응하는지….

그렇게 빠르게 성경이 지나간다 해도 훈련 받은 우리의 감각과 눈은 그 사이의 글들을 읽어내고 수많은 깨달음과 생각을 우리의 뇌에 신호를 보낼 수 있는 것이다.

수많은 조각난 파편 같은 글들을 계속 해서 읽고 또 보고 깨닫는다면 부서진 조각 같은 글들이 스스로 조합하면서 새로운 사실들을 깨닫게 하여 준다.

이것은 정독으로는 깨달을 수 없는 일들이기에 정독精讀, 통독恫讀만을 주장하는 사람들은 죽어도 알 수 없는 미증유未曾有의 사건들과 미제謎題의 사건들을 깨닫지 못하다가 무덤 속으로 들어가게 될 것이다.

그러니 어느 광인狂人의 의미 없는 외마디라 할지라도 이렇게 책으로 써서까지 공개하는 행위를 의미 있게 생각해 주기를 바란다.
왜냐하면 믿음의 세계는 '보지 않고 믿는' (히 11:1) 세계이기 때문이다.

성경은 어떠한 책인가? '보지 않고 믿음으로 사는 자'의 책이며, 또한 믿음으로 모든 세계가 하나님의 말씀으로 지어진 줄 아는 사람들이 읽고 먹는 책이기 때문이다.

다른 세상의 책들은 그렇게 빠르게 읽고 보아도 깨달음이 불가능할지 모른다. 그러나 성경은 믿음으로 사는 사람들의 책이므로 믿음으로 도전하고 또 믿음으로 실천하면 성경은 반응한다. 그렇게 믿고 사는 사람에게는 그렇게 반응하는 것이다.

성경을 성실하게 믿으면, 성경은 그 사람을 성실하게 인도하지만, 자신을 속이며 남을 능욕하는 사람이 성경을 그런 시선으로 보면 성경도 그 사람에게 그렇게 심상心想에 비친 대로 보여줄 것이다.

그런데 어떤 이들은 성경을 소개하면서도 성경의 뜻(의도)으로 사람들을 인도하지 않고, 성경을 활용하여 자신의 욕심을 채우고 재물을 모으는데 사용하는 사기꾼들이 있다.

나는 분명하게 말한다. 오직 성경만으로 훈련하고, 성경의 음성만 듣고, 성경만 가지고 씨름하라고, 제발.

그리고 여러 권의 성경을 이것저것 사용하지 말고, 하나의 성경만을 처음부터 끝까지 집중적으로 애독하라고 권勸하고 싶다. 그리 해야 그 성경의 체취도 느끼고 애정도 느끼고 애착도 생기기 때문이다.

이렇게 한 성경으로 훈련을 하면 반드시 그 성경에서 반응하는 감각을 느끼게 된다. 그리고 소리도 듣게 될 것이며, 상상想像이 열려 보이게 될 것이다.

들으라 이스라엘아…

들으라 목이 곧고 교만한 독사들이여…

이그, 지독히도 말 안 듣는 것들이여….

"독사의 자식들아 너희는 악하니 어떻게 선한 말을 할 수
있느냐, 이는 마음에 가득한 것을 입으로 말함이라."

(마 12:34)

25. 요압의 악행惡行

'스루야의 아들 요압이 내게 행한 일 곧 이스라엘 군대의
두 장관 넬의 아들 아브넬과 예델의 아들 아마사에게 행한
일을 네가 알거니와
저가 저희를 죽여 태평시대에 전쟁의 피를 흘리고 전쟁의
피로 자기의 허리에 띤 띠와 발에 신은 신에 묻혔으니
네 지혜대로 행하여 그 백발로 평안히 음부에 내려가지 못
하게 하라.' (왕상 2:5-6)

'브나야가 여호와의 장막의 이르러 저에게 이르되 왕께서
나오라 하시느니라
저가 대답하되 아니라 내가 여기서 죽겠노라 브나야가 돌
아가서 왕께 고하여 가로되 요압이 이리이리 내게 대답하더
이다.

왕이 이르되 저의 말과 같이 하여 저를 죽여 묻으라. 요압
이 까닭 없이 흘린 피를 나와 내 부친의 집에서 네가 제하
리라.

여호와께서 요압의 피를 그 머리로 돌려 보내실 것은 저가 자기보다 의롭고 선한 두 사람을 쳤음이니 곧 이스라엘장관 넬의 아들 아브넬과 유다 군대장관 예델의 아들 아마사를 칼로 죽였음이라.

이 일을 내 부친 다윗은 알지 못 하셨나니 저희의 피는 영영히 요압의 머리로 돌아 갈지라도 다윗과 그 자손과 그 집과 그 위에는 여호와께로 말미암은 평강이 영원히 있으리라.
여호야다의 아들 브나야가 곧 올라가서 저를 쳐죽이매 저가 거친 땅에 있는 자기의 집에 매장되니라.' (왕상 2:30-34)

요압이라는 악인惡人에 대한 생애와 종말에 대하여 이야기하고자 한다.

'요압은 다윗의 여동생 스루야의 아들들로서 첫째 아비새요, 둘째 요압이며, 셋째 아사헬이다.' (대상 2:16)

이들의 악행은 역대기 상·하와 사무엘 상·하에 두루 기록되어 있다. 이들은 다윗의 조카들로서 유대 건국의 용장勇將들이요, 건국 초기의 혁혁한 공을 세운 장수들이다.

그래서 그들은 다윗 왕가에 긴밀한 관계를 가지고 왕의 권력을 이용하면서 자신의 가계家系 세력을 키우는 데 전 생애를 바친 악인들이다.

그러나 그들의 족적이 사무엘 상·하와 역대기 상·하에 두루 찍혀 그 역사의 뒤안길을 살펴볼 수가 있다.

이들은 여기에 악惡을 더하여 다윗을 괴롭힌 악인들로서, 왕 다윗을 위하지도, 그 나라 유대를 위하여서가 아닌 오로지 자신과 가문을 위해서 존재했던 악인들이었다.

이러한 악인들에 대하여 성경은 냉혹한 심판을 보여 주고 그의 결말을 분명하게 보여주었으나 오늘날 교회는 이러한 악인들의 소행에 대하여는 아무런 말이 없다.

성경을 보면, 수많은 시와 찬미로 다윗은 사랑을 받아 왔지만, 유독 다윗 왕을 그토록 가깝게 보좌하고 있으면서도 다윗 왕을 괴롭힌 이 악인들의 소행이 준엄한 심판으로 단죄되는 것을 보고 우리는 섬찟 놀라게 된다.

우리의 선생들과 교사와 목사들은 왜 이러한 악인들, 즉 요압의 삼형제들을 준엄하게 꾸짖고 그들의 악행을 만천하에 공개하며 경고함으로써 후세에 본을 삼아 다시는 이러한 악행이 하나님의 집안에서 행하여지지 않도록 해야 옳을 것이다.

요압의 삼형제들은 어떠한 죄를 지었고 무엇으로 성군聖君 다윗 왕을 괴롭혔던가를 알아야 한다. 먼저 다윗이 이들을 크게 책망하고 꾸짖는 그 내용이 무엇인지 알아 보자.

'그 죄가 요압의 머리와 그 아비의 온 집으로 돌아갈지어다 또 요압의 집에서 백탁병자나 문둥병자나 지팡이를 의지하는 자나 칼에 죽는 자나 양식이 떨어진 자가 끊어지지 아니할지로다 하니라.' (삼하 3:29)

성군 다윗은 요압의 형제들과 그 후손들을 향하여 축복은 커녕 악인들 중에 가장 악독한 악인들이 받아야 할 저주를 퍼부었다.

요압의 형제들은 누구인가?

그들은 다윗의 두 여동생인 스루야와 아비가일 중 스루야의 아들들로서 친조카들이며, 또한 유대 왕국을 세울 때에 큰 공을 세운 장군들인데도 불구하고 가장 혹독한 저주를 받은 악인들이 되었다.

이토록 성군이요, 지혜로운 다윗 왕임에도 불구하고 자신의 혈족에서 나온 악한 쓴 뿌리들로 인하여 다윗은 괴로워하고 고통스러워 하였다.

'내가 기름 부음을 받은 왕이 되었으나 오늘날 약하여져서 스루야의 아들인 이 사람들을 제어하기가 너무 어려우니 여호와는 악행한 자에게 그 악한대로 갚으실지로다 하니라.'

(삼하 3:39)

이 탄식 소리는 다름 아닌 다윗의 입에서 나온 말이었다. 스루야의 아들들은 다윗 왕에게는 평생을 따라다니면서 괴로움과 고통을 준 사람들인 것이다.

그러면 요압의 삼형제들은 어떤 악인들이며, 어떤 죄악을 범한 사람인가?

이들은 하나님의 의義나 유대 나라를 위한 선함과는 관계가 전혀 없는 악인들로서 오로지 자신과 자신의 가문만을 위한 삶을 산 사람들이었다.

사울 왕의 가문과 다윗 왕가의 가문의 오랜 싸움으로 나라가 두 개로 나뉘어 남북 전쟁을 치르고 있을 때, 북쪽 왕국의 수장인 아브넬이 평화롭게 통일을 하기 위해 다윗 왕을 찾아 왔다.

그러자 다윗은 전쟁 없이 두 나라가 통일을 하게 되어 기뻐하여 약속을 맺고 그 아브넬 장수를 돌려보냈다.

이 사실을 안 요압은 아브넬 장수를 쫓아가서 왕의 급한 전갈을 전하는 것처럼 꾸미면서 칼로 그의 배를 찔러 죽이는 비극을 자행했다.

　일개 장수가 왕의 허락도 없이 상대국 수장首將을 살해하
는 국제법 관행으로도 있을 수 없는 악행을 저지른 것이다.

　이 사실을 안 다윗은 분개하였으나, 이미 왕가의 주변 세
력을 제압한 요압을 제거할 수가 없었다.

　이러한 악인을 바라만 보아야 하는 다윗 왕은 장탄식을
하면서 요압과 그 후손들을 혹독하게 저주를 퍼부었다.

요압과 그 형제들은 자신들의 의를 내세우는 악인들이다.

그들의 의는 하나님의 나라와는 전혀 관계가 없고, 오로지 자신들의 가족과 가문에만 온 힘을 기울여 왕까지도 넘보고 하나님의 역사를 거스른 악인들이었다.

하나님 앞에서 악인은 누구인가? 자신과 자신의 가문을 위해서 존재하는 자들이다.

오늘날 교회 안에서도 이러한 악인들이 너무 많이 존재하고 있다.

이 요압 같은 악인들이 교회의 공로자라고 하면서 하나님의 공의와 하나님의 나라와는 관계 없이 자신들의 공로와 가문의 부귀에 사로잡혀 악을 행하는 자들이 많다.

이러한 자들을 교회 밖으로 내쫓아야 할 텐데 다윗처럼 힘이 약하여 내쫓기는 커녕 꾸짖지도 못하고 그저 바라만 볼 수밖에 없는 교회(목회자와 장로들의 만행)의 성도들이 얼마나 많은가?

다윗은 이러한 악인들에 향하여 그의 아들 솔로몬에게 이렇게 당부한다.

"너는 힘써 대장부가 되고… 네 지혜대로 행하여 그 백발로 평안히 음부에 내려가지 못하게 하라." (왕상 2:2하, 6)

다윗 왕 때에는 이 악인 요압을 벌하지 못하였으나 그의 아들 솔로몬 때에 그를 벌하여 브나야 장군이 제단 뿔을 잡고 긍휼을 호소하는 백발 요압의 목을 쳐서 공의에 대한 심판을 하였다.

비록 현직에 있을 때에는 악행에 대해 죄를 받지 않는 것 같았으나 아버지 다윗 왕은 은밀히 그 죄값을 지시하고, 성경의 기자들은 이러한 심판을 밝혀 냄으로써 일벌백계一罰百戒로 그 후손들에게 교훈으로 기록하여 보여준 것이다.

그러므로 자기 자신과 자식만을 위하는 죄가 하나님의 집 앞에서 얼마나 큰 죄악인지 요압의 심판을 보고 교훈을 삼아야 한다.

27. 의장義將 아브넬

아브넬 장군은 사울의 장수로서 가장 유능하고 위대한 장수였다. 그는 우직한 충신으로서 사울이 죽은 후에도 이스라엘 을 배신하지 아니하고 이스라엘의 패망을 위기에서 건져낸 영웅이었다.

세월이 흐르면서 이스라엘은 점점 가세가 기울어지고, 다윗의 나라는 점점 더 강하게 되었다.

그래도 아브넬 장군은 충신으로서 예를 다하여 사울의 아들들의 왕위를 보호하며 지키고 있었는데, 사울의 아들인 이스보셋은 아브넬 장군에 대하여 모함을 듣고 분개하여 아브넬 장군을 꾸짖게 되었다.

"사울에게 첩이 있었으니 이름은 리스바요 아야의 딸이더라. 이스보셋이 아브넬에게 이르되 네가 어찌하여 내 아버지의 첩을 통간하였느냐.

아브넬이 이스보셋의 말을 매우 분히 여겨 가로되 내가 유다의 개 대강이뇨, 내가 오늘날 당신의 아버지 사울의 집과 그 형제와 그 친구에게 은혜를 베풀어서 당신을 다윗의 손에 내어주지 아니하였거늘 당신이 오늘날 이 여인에게 관한 허물을 내게 돌리는도다." (삼하 3:7-8)

이러한 일이 있은 후 아브넬은 다윗에게 이스라엘의 평화로운 통일을 건의하게 되고 다윗은 두 나라가 전쟁을 하지 않고 평화적으로 통일을 하게 됨을 인하여 이 일을 매우 기쁘게 받아 들이게 된다.

이리하여 서로 오고 가며 조약을 맺고 평안히 돌아가는 이스라엘의 걸출한 장군 아브넬을 요압 장군이 듣고 격분하여 거짓과 술수로 살해하였던 것이다.

이 일로 다윗은 통분히 여겨 아브넬의 장사를 직접 나서서 조의를 표하고 대성 통곡하여 이스라엘 나라의 국민들의 마음에 경의를 표하였다.
이렇게 함으로 요압의 악의는 만천하에 공표하는 동시에 아브넬의 충절은 높이 치하하였다.

아브넬 장군과 요압 장군을 비교하여도 너무나 대칭이 되는 인물들이다.

아브넬 장군은 주군主君인 사울의 죽음 후에도 그들의 후손과 나라를 지켜내었지만, 요압 장군은 다윗의 그늘 하에서 불의를 일삼으며 오로지 자신과 가문을 위하여 의로운 아브넬 장군을 서슴없이 살해하는 살인자였음을 보여 주었다.

아브넬 장군은 자신의 충절을 몰라 보는 이스보셋에 대하여 충신의 예의를 다하여 신분을 지키고 있었지만, 그러나 자신을 간통자, 바람둥이로 취급하는 것에 대하여 더 이상 참지 못하였다.

아브넬은 차라리 이러한 주군 밑에서 명예를 더럽히느니 차라리 다윗의 나라로 통합하여 거룩한 제사장의 나라로 가는 것이 옳다고 판단을 한 것이다.

자신의 호적수인 요압의 존재를 모를 리 없었지만 개인의 불행보다는 국가(하나님의 나라)의 미래가 더 중요하다 생각하여 그의 결심을 실행으로 옮긴 것이다.

아브넬은 불의한 자의 손에 살해되었지만, 그의 우국충정 憂國衷情 만큼은 길이 남겨 그의 불명예에 대한 모함을 깨끗이 씻고 거룩한 장군으로 그 이름을 남겼다.

이렇게 의로운 장수 아브넬 장군의 이야기는 말하지 않고 불의한 자 요압의 행위에 대하여 책망하지 않는 것은 목자들의 책임이다.

아브넬 장군의 우국충정은 기려야 하고, 요압 장군의 비열한 행동과 살인은 책망 받아야 마땅하다.

이스라엘 역사에서 전해오고 성경에 기록되어 우리에게 들려 주고자 한 의미가 무엇인지 성경의 뜻을 헤아려 양들에게 교훈을 삼아 행동거지를 다듬을 수 있게 해야 한다.

물질만능주의에 세뇌되어 하나님의 의는 전하지 않으면서 교회 부흥을 빙자하여 양들의 재물을 강탈하는 교회와 목자는 요압과 같은 악인들임을 잊지 말아야 할 것이다.

28. 욥의 예찬禮讚

　인간은 모든 피조물 가운데 최고의 걸작품으로 천상천하에 인간보다 더 귀하고 중요한 존재가 이 세상이나 어느 우주에도 없다.

　인간은 모든 영적인 존재보다 더 귀한 존재로 지음 받았고 모든 피조물 가운데 하나님의 최고의 걸작이며 존귀한 존재임이 틀림 없다.

　왜냐하면, 인간은 멜기세덱의 반차를 따라 왕 같은 제사장으로 기름 부음을 받아서 하나님의 공의와 사랑을 대행하는 제사장으로 지음을 받았기 때문이다.

　"여호와는 맹세코 변치 아니하시리라 이르시기를 너는 멜기세덱의 반차를 쫓아 영원한 제사장이라 하셨도다."

(시 110:4)

욥기서를 보면 인간 존재의 목적과 신들의 귓속말을 엿들을 수 있으며, 하나님께서 인간을 창조한 목적이 세밀하게 기록되어 있다.

성경은 하나님 아버지는 농부라고 소개한다. 하나님의 농장에는 여러 농작물들이 있는데 그 가운데 특수한 작물 하나가 바로 포도나무이다.

아브라함을 맞이하고 있는 멜기세덱

포도나무는 예수의 상징으로서 멜기세덱의 반차를 이은 하늘의 제사장의 상징이다.

하나님 아버지는 이곳 특수작물인 포도나무(사람)를 하늘 존재들의 머리로 세우시고 그들을 위한 제사장으로 삼기 위하여 인간 농사를 시작하셨다.

인간의 창조 목적은 영적인 존재들에게 포도나무처럼 기쁨을 주고 하나님의 사랑을 베풀기 위함이다.

그러면 욥기서의 첫 장을 보자. 먼저 욥은 동방의 의인이라고 칭찬하면서 그가 어떻게 하나님을 경외하고 자녀들을 위해 어떻게 교육을 시키고 하나님을 경외하는지 하나님의 아들들(천사장)에게 세세히 소개하고 있다.

욥기서를 보면, 하늘에서 일어나는 영적인 일들을 면면이 알 수 있도록 곳곳에 다이아몬드처럼 반짝이는 영적인 기록을 볼 수 있다.

먼저 하나님의 아들들 가운데 사탄도 그곳에서 하나님 아버지와 이야기를 하는 장면이 소개되고 있다.

그 중심적인 내용은 욥의 의로움과 그의 행위들을 하나님의 아들들과 사탄 앞에서 칭찬을 하시는 것이다. 여기서 하나님의 아들들은 어떤 존재들인가?

이들은 창조의 능력을 소유한 신분이 높은 존재(천사장들)들이다.

이것의 반증反證은 사탄도 하나님의 아들들의 하나이며, 그가 예전에는 모든 천사장들과 피조물 가운데서도 특별하게 지음을 받은 지혜 천사임을 알 수 있다.

이러한 사탄은 줄곧 욥을 시기하여 참소*하는 것을 보게 된다.

그러나 어떤 이들은 우리 인간들은 천사들보다 못한 존재로 생각하고 하늘의 영적인 존재, 즉 천사장들은 인간들과 감히 상상할 수 없는 존재로 지음을 받은 것으로 알고 있는데 욥기서를 보면 전혀 그렇지 않다.

---

* 참소(讒訴) : 남을 헐뜯어서 죄가 있는 것처럼 꾸며 윗사람에게 고하여 바침.

오히려 영적인 어마어마한 존재들인 하나님의 아들들(천사장들)과 사탄은 인간인 욥을 시기하고 질투하고 있는 것을 보게 된다. 이 사건은 보통 평범한 사건이 아니다.

우리가 알고 있는 영적인 존재들은 사실은 사람보다 못한 존재인 것을 알게 된다. 다음의 성경 구절이 반증하고 있다.

"모든 천사들은 부리는 영으로서 구원을 얻을 후사들을 위하여 섬기라고 보내심이 아니뇨." (히 1:14)

욥이라는 존재를 하나님 아버지께서 천사장들 앞에서 칭찬하는 것은 그들보다 더 특별하게 창조하셨고, 더 특별한 존재라는 것을 의미한다.

"여호와께서 사탄에게 이르시되 네가 내 종 욥을 유의하여 보았느냐 그와 같이 순전하고 정직하여 하나님을 경외하며 악에서 떠난 자가 세상에 없느니라." (욥 1:8)

이 말을 들은 하나님의 아들들은 가만히 있는데 유독 사탄만은 시기심이 발동이 되어 욥을 참소하게 된다.

그러자 하나님 아버지께서는 사탄의 참소를 물리치지 않으시고 이것을 받아들여 사탄이 참소한 그대로 시험을 받도록 하시되 그것도 참소자인 사탄의 손에 맡김으로써 욥은 이 잔인무도한 사탄의 손아귀에서 짓이겨져 처참한 모습으로 파괴되고 만다.

하나님 아버지의 욥에 대한 배려는 단지, '생명만은 건드리지 말라'는 당부 외에는 더 이상의 자비는 없었다.

참으로 하나님의 공의로움은 인간의 지식으로 이해하기가 쉽지 않다.

왜 하나님은 참소자의 소리를 물리치시지 않으시고, 그것도 직접 이 불의한 자의 참소를 다 들어주시고 더구나 참소한 자에게 그 모든 권한을 맡기어 의로운 욥을 불행하게 하시는가 의문을 가지게 된다.

그러나 욥기 42장에 가서야 하나님의 공의를 알게 되고, 그분의 의로운 심판의 목적을 알게 된다.

참소자에게 정정할 권한은 주되, 만일 그 참소한 내용이 옳지 않을 시에는 그에 상응하는 죄를 물어서 자신이 행한 악행을 자신도 똑같이 받게 하여 다시는 참소하지 못하게 하시는 것이 하나님 아버지의 공의이심을 알려 만천하에 일벌백계—罰百戒의 본보기를 삼으신 것이다.

반면에 그 집행 결과가 참소한 내용이 아닌 경우에는 그 잘못 된 것에 대한 책임을 묻는 것이 하나님의 공의이시다.

"여호와께서 사탄에게 이르시되 네가 내 종 욥을 유의하여 보았느냐 그와 같이 순전하고 정직하여 하나님을 경외하며 악에서 떠난 자가 세상에 없느니라.
네가 나를 격동하여 까닭 없이 그를 치게 하였어도 그가 오히려 자기의 순전을 굳게 지켰느니라." (욥 2:3)

이렇게 사탄의 참소로 인하여 무고하게 욥은 상상도 못할 고난을 당하였으나 그 후의 욥은 잃었던 명예와 재산과 자식도 모두 돌려 받았으며, 재산은 두 배의 축복으로 보상이 주어졌다.

"여호와께서 욥의 모년에 복을 주사 처음 복보다 더 하게 하시니 그가 양 일만 사천과 약대 육천과 소 일천 겨리와 암나귀 일천을 두었고, 또 아들 일곱과 딸 셋을 낳았으며…."

(욥 42:12)

그러나 사탄은 어떻게 되었는가? 사탄은 욥기서에는 1,2장을 제외하고 다시 그의 존재가 나타나지 못하였다.

그리고 그의 불의가 얼마나 가증스럽고 잔인무도한 존재인지 만천하에 검증을 받은 사건이 되었다.

그 후로 사탄은 실리失利를 잃고, 그때부터는 욥에 대한 참소는 더 이상 하지 못하였다.

그러나 욥은 어떻게 되었는가? 고난을 통과한 욥은 천상천하天上天下의 영원한 축복과 명예를 얻었다. 이 고난으로 인해 그가 겪고 느낀 그 당시의 고난을 이렇게 고백한다.

"나의 가는 길을 오직 그가 아시나니 그가 나를 단련하신 후에는 내가 정금같이 나오리라." (욥 23:10)

"내가 주께 대하여 귀로 듣기만 하였삽더니 이제는 눈으로 주를 뵈옵나이다." (욥 42:5)

이 세상에 욥과 같은 고난을 받은 사람이 어디 있을까? 또 욥과 같이 축복과 명예를 받은 사람도 찾아보기 힘들다.

욥은 처절하고 비참한 고난을 통과한 후에는 영원한 명예와 축복을 받은 위대한 인물이 되었다

신약 성서 기자들의 보도를 들어보자⋯.

"보라, 인내하는 자를 우리가 복되다 하나니 너희가 욥의 인내를 들었고 주께서 주신 결말을 보았거니와 주는 가장 자비하시고 긍휼히 여기는 자시니라." (약 5:11)

"많은 재물보다 명예를 택할 것이요. 은이나 금보다 은총을 더욱 택할 것이니라." (잠 22:1)

욥은 우리 인간들의 대표성을 가지고 있으며, 욥의 고난은 인간들이 보편적으로 받는 고난으로써 생로병사生老病死를 경험하도록 하나님이 정하신 인생사관학교의 정규과목이다.

욥기의 서두에서부터 욥의 존재는 '동방의 의인'으로 표현되어 있는데 이것은 천상의 영적인 존재들로부터 특별히 구별된 존재임을 의미한다.

태양은 인류의 메시아를 상징하고, 동방東方이라는 의미는 메시아가 태어날 방향을 뜻하는 의미어意味語이다. 그러므로, 육적 영적인 존재의 그리스도는 동방에 있는 나라의 인간들이라는 암시이기도 하다.

욥이 당한 고난을 보면 아비로서, 남편으로서, 의로운 친구로서, 종의 상전으로서, 또는 종으로서, 존귀한 자로서의 고난의 상징인데 그 상징성이 바로 인간이라는 것을 의미한다 하겠다.

욥은 그 친구들로부터 질책과 혐의 채찍으로 고난을 받았으나 끝에는 그들의 불의에 대하여 제사장처럼 속죄를 해줌으로 인하여 친구들의 죄가 용서받았다.

"욥이 벗들을 위하여 빌매 여호와께서 욥의 곤경을 돌이키시고 욥에게 그전 소유보다 갑절이나 주신지라.' (욥 42:10)

이 행위는 욥이 제사장의 사명이라는 것을 의미하며, 인간이 하늘의 영적인 존재들을 위한 하늘의 제사장임을 말하는 것이라 하겠다.

'그러나 너희는 택하신 족속이요 왕 같은 제사장들이요 거룩한 나라요.' (벧전 2:9상)

'그의 아버지 하나님을 위하여 우리를 나라와 제사장으로 삼으신 그에게 영광과 능력이 세세토록 있기를 원하노라, 아멘.' (계 1:6)

"그들로 우리 하나님 앞에서 나라와 제사장들을 삼으셨으니 그들이 땅에서 왕 노릇 하리로다 하더라." (계 5:10)

"이 첫째 부활에 참여하는 자들은 복이 있고 거룩하도다 둘째 사망이 그들을 다스리는 권세가 없고 도리어 그들이 하나님과 그리스도의 제사장이 되어 천 년 동안 그리스도와 더불어 왕 노릇 하리라." (계 20:6)

그러므로 우리들은 이 땅에서 고난의 행군을 욥과 같이 인내하며 입으로 죄를 짓지 말고 불의에 굴복하지 아니하여 마침내 승리하는 자가 되기를 바란다.

욥을 현재 시각視覺으로 이해한다면 바로 내가 욥이라는 것을 알아야 한다.

인간 모두가 욥의 사명을 가지고 제사장의 반차를 따라 태어났다. 그러므로 욥기를 보면서 나의 정체성identity을 찾아야 한다. 나는 누구인가?

나는 하나님 아버지의 포도원의 심기운 포도나무요, 그 가지이다.
가지는 많은 열매를 맺기 위하여 존재하고, 열매는 하나님과 사람을 즐겁게 하기 위한 목적이 있다.

"나무들이 **포도나무**에게 가서 말하되 '너는 와서 우리의 왕이 되라' 하니 포도나무가 말하되 '하나님과 사람들에게 기쁘게 하는 나의 새 술을 내가 어찌 버리고 가서 나무들 위에 요동하리요' 한 지라." (삿 9:12-13)

제사장이라는 직분은 이 땅 위에서의 직분이 아니라 아버지의 나라에 가서 거기서 수 많은 영적인 존재들의 제사장의 직무를 행하는 사명이 주어진 것이다.

"그가 내게 말하기를 네가 많은 백성과 나라와 방언과 임금에게 다시 예언하여야 하리라." (계 10:11)

그렇다. 지금 하나님의 나라는 사탄과 그 따르는 영적인 타락한 천사들로 인하여 피비린내 나는 혹독한 전쟁과 혼란을 겪었다.

그들은 하나님의 아들들(멜기세덱의 반차를 이을 제사장들)을 학수고대鶴首苦待 하며 기다리고 있다.

"피조물의 고대하는 바는 하나님의 아들들의 나타나는 것이니." (롬 8:19)

그곳엔 많은 천사들이 긴 전쟁과 소요로 인하여 지쳐있으며, 혼란스러움에 애타게 인간들의 완전한 제사장들을 기다리고 있는 상태이다.

예수 그리스도는 메시아로 이 땅에 오셨지만, 인간들도 부활 후에는 예수 그리스도처럼 하나님의 나라에서, 그들을 위해 예배를 인도하고 하나님의 사랑과 말씀을 가르쳐야 하는 왕 같은 제사장의 거룩한 무리가 바로 우리들의 몫이며, 사명임을 분명히 기억해야 한다.

인간들은 마치 애굽에서 가나안으로 출애굽을 통하여 입성하는 것처럼, 우리 인간도 육신적인 생활에서 출애굽하여 영적인 생활 속으로 들어가야 한다.

이러한 과정을 통하여 하나님의 기름 부음을 받은 이들, 곧 그리스도인들은 타락하지 아니한 영적인 존재들이 하나님의 말씀으로 인도 받기를 학수고대하며 기다리고 있다.

우리 인간들은 이곳 하나님의 나라에서 달란트 심판을 받은 후에 그것으로 한 고을 두 고을의 치리하는 자가 되어 왕 같은 제사장으로서 영적인 존재들을 위하여 사랑으로 섬기면서 아버지의 사랑을 전해야 한다.

하나님 아버지의 농사는 이렇게 포도나무 농사를 통하여 하나님을 사랑하고, 네 이웃을 네 몸처럼 섬기며 사랑하는 자를 하나님의 나라에 거룩한 제사장의 무리로 택하기 위해 사람 농사를 지으신 것이다.

인간의 고난에는 이유가 있고, 보상이 있다. 이러한 고난으로 하나님의 나라에 거룩한 제사장이 될 자격이 있는가를 시험test하는 것이고, 이러한 시험을 통과한 사람은 거룩한 제사장의 무리로 삼는 것이 하늘 나라의 심사 규정이다.

거룩한 제사장의 무리는 남녀노소, 빈부귀천이 없고 학벌과 문벌과 인맥과 상관없다. 거룩한 제사장의 무리는 고난이라는 연단을 통해서 구분되어지고 선택되어진다.

"시험을 참는 자는 복이 있도다. 이것에 옳다 인정하심을 받은 후에 주께서 자기를 사랑하는 자들에게 약속하신 생명의 면류관을 얻을 것임이니라." (약 1:12)

생명의 면류관은 하늘 나라의 왕의 면류관으로서, 이것이 없이는 제사장이 될 수 없으므로, 우리는 이 면류관을 얻기 위하여 힘써서 노력과 기도해야 한다.

시험을 참는 자에게 생명의 면류관을 주신다는 것은 거룩한 제사장들에게 주는 각 나라의 치리권을 부여하는 임명장과 더불어 왕관crown과 같다.

욥기서는 인간들의 신분(정체성)과 고난의 목적과 그리고 보상을 자세하게 알려주는 책이다.

욥은 모든 인간의 대표자요, 인간들의 모든 고난(생로병사)은 제사장(거룩한 무리)으로서 당연히 이 땅에서 치러야 할 통과의례, 즉 세레모니ceremony와 같은 것이다.

마치 고급장교가 되기 위해서는 사관학교에서 엄격한 사관생도와 같이 훈련을 통과해야 하는 것처럼 말이다.

그러면 하늘의 제사장들을 영적인 천사장들 중에서 선택하지 않고 이 땅의 인간들로 삼는 이유는 무엇인가?

인간들은 생로병사生老病死를 경험하고, 그리고 사람을 낳고 키우고 섬기는 훈련을 하게 된다. 이러한 과정을 통과한 사람에게는 하늘의 제사장의 직분을 주어 섬기는 자가 되게 하기 위한 아버지의 특별전형과 같은 계획이다.

또한 욥의 친구들이 욥을 시험하는 것처럼 인간들도 서로에게 시험을 받는 것을 의미하며, 욥이 친구들을 위하여 속죄제를 드려 친구들의 죄를 용서한다는 행위는 장차 인간들의 제사장이 천상에 있는 영적 존재들을 위하여 왕 같은 제사장의 사명으로 직분을 수행하게 되는 것을 의미한다.

욥기를 보면 사탄의 참소로 고난이 시작된 것처럼 인간 나라에서도 사탄의 참소로 고난이 시작되었다.

그러나 그것이 옳다 인정을 받은 후에는 명예와 상급이 주어져서 영원한 나라를 통치하는 영원한 나라의 제사장이라는 것을 추호도 잊어서는 안 된다.

29. 성경 66권, 모든 책冊의 어머니 로마서

로마서는 1세기의 사도 바울이 로마에 사는 그리스도인들을 위하여 기록한 목회牧會 서신 중의 하나이다.

로마서는 성경 66권의 책 중의 책이며, 또 모든 책 중의 어머니라 불릴 만큼의 성경의 핵심을 담고 있다.

로마서는 당시 세계의 국가를 하나로 통솔하고 모든 문화가 로마로부터 시작한다고 할 만큼의 최강의 국력을 자랑하던 로마의 지식인들, 즉 기독교인들을 위하여 기록된 책이기에 더더욱 그렇다.

당시 1세기 말에 기록된 로마서는 현대에 사는 그리스도인들에게도 아직도 가장 어려운 책이요, 가장 논리가 정연한 기독교의 백미百味 중에 백미이다.

신약 성서의 저자들 중에 바울만큼 학문과 문화에 조예가 깊은 저자는 없다.

로마서는 기독교의 선교 활동을 위해 스스로 이방인의 사도가 되어 유럽 전도를 시작으로 해서 현장에서 보고 느끼며 기록한 책이기에 기독교의 역사의 중심에서 본 정확한 세계관과 성경관이 기록된 책이다.

기독교 2,000년사의 모든 혁명과 개혁의 운동은 로마서를 주 교재로 하여 국가와 사회와 조직, 모든 공동체, 연합체의 기초 법조문으로 삼았다.

모든 기독교 국가들의 문화와 법의 개정안의 롤모델role model로 출발하여 현대 문명의 르네상스와 산업 혁명에까지 이어져 오늘의 현대 문명에까지 로마서의 영향력은 대단한 영향을 끼치며 오늘까지 이르렀다.

신약 성경에서의 로마서, 아니 기독교 성경 66권 중 로마서는 유대교와 기독교의 모든 정신이 녹아 있어, 사람과 생명을 중시하는 사회로 문화가 형성되었다.

이렇게 복음의 중심에서 엑기스화한 정경正經이라 할 만큼의 핵심 교리를 로마서는 16장으로 농축하여 기록하였다.

그만큼 로마서는 고대인(헬라인)이나 문명인(로마인)이나 현대인(기독교인)이나 누구든지 알기 쉽게 기록하였을 뿐 아니라 최고의 지식인들조차 감탄하지 않을 수 없는 문구는 놀라움의 그 자체이다.

로마서의 중심 테마는 믿음이요, 그 믿음 위에서 하나님의 성령이 사람을 거듭나게(변화) 시킴으로서 하나님의 나라와 인간 세계를 이해하기 쉽게 설명하였다.

그러기에 로마서는 모든 성경의 책 중의 책이며, 성경 66권의 어머니라 할 만큼의 풍부한 비유와 지식과 영적인 표현으로 가감加減없이 기록되어 있다.

그러므로 로마서는 하나님이 인류에게 물려준 가장 위대한 유산이라 하여도 과언이 아니다.

로마서의 정신은 무엇인가?
그 근원은 하나님의 사랑이다.

하나님의 사랑은 그의 아들 예수 그리스도의 십자가의 대속의 죽음으로 우리에게 나타났고, 최고의 지성과 영성으로 보여 준 위대한 사랑의 이야기이다.

그것을 인정하고 믿는 믿음을 하나님은 인간의 의義로움으로 여겨 구원에 이르게 된다는 논리는 세계 어느 종교사에도 찾아 볼 수 없는 유래由來이다.

이것이 하나의 논리와 이론으로 끝났다면, 아무런 변화와 역사를 느낄 수 없었다.

그러나 이러한 믿음의 논리에 반응을 보이는 자에게는 하나님의 성령이 오셔서 그 사람의 생각과 삶의 변화를 체험하게 하심으로 인하여 기독교의 복음은 힘을 얻고 급속하게 전파되었다.

그러므로 로마서는 기독교인 뿐 아니라 전 세계인들이 연구하고 가장 많이 인용하면서 로마서의 정신을 계승하고자 로마서를 연구하는 사람들이 많다.

만일 신약 성경에 로마서가 빠졌다면, 그야말로 기독교를 세계적인 종교로 격상하는데 많은 어려움이 있었으리라 생각된다.

로마서는 기독교를 품위 있게 만들어 주었으며, 정경화政經化된 말씀으로서 기독교인들의 생활양식에 중대한 영향력을 끼치고 있다.

로마서를 읽으면, 하나님의 사랑을 이해하게 되고, 자신을 낮추어 섬기시는 그리스도의 인격에 감격하지 않을 수 없게 된다.

그러므로 기독교인들은 남을 섬기되 의로운 일에는 목숨까지도 기꺼이 내놓는 뜻깊은 가치관이 있어, 물질 뿐 아니라 아낌 없이 목숨까지도 내놓음으로써 놀라운 복음의 진수를 드러나게 하는 것이 바로 로마서의 힘이다.

로마서는 하늘의 문화와 권세와 능력이 무엇인지를 보여주는 책이며, 그것을 몸소 실천하여 보여주신 그리스도의 위대함을 가감加減 없이 보여준다.

로마서를 읽고 이해한다면 로마서에 빠지지 않을 수 없다. 로마서는 하나님의 아들로서 생활 규범을 보여줄 뿐 아니라 높은 지성의 예리한 지혜와 감성을 느끼게 한다.

로마서를 통하여 원시 종교와 토템적인 신에 대한 두려움에서 벗어나 그야말로 하나님의 아들로서의 자유를 만끽하는 기쁨을 경험한다.

그러므로 로마서는 기독교인들을 품위와 권위를 가르쳐주고, 겸손한 섬김으로 인한 영원한 복음의 향기를 갖게 하는 책이다.

그러므로 기독교인들이여,
로마서를 읽고, 먹고, 행동하라.
누가 이러한 사람들을 감당할 수 있으랴….

"(이런 사람은 세상이 감당치 못하느니라) 그들이 광야와 산과 동굴과 토굴에 유리하였느니라." (히 11:38)

30. 사도 요한의 위대함

　사도 요한만큼 예수님의 열두 제자 중에 신비한 제자 또한 없다. 사도 요한은 예수의 수제자 네 명 중의 한 사람으로서 사도들 중에 가장 오랫동안 살다가 부름을 받은 제자이다.

　다른 사도들은 로마의 대핍박 때 대부분 순교하였으나, 사도 요한은 유일하게 순교하지 않고 다른 사도들보다 훨씬 장수하다가 90세에 평안히 돌아가셨다.

그런데 그가 왜 신비한 제자일까?

사도 요한은 그가 쓴 저서를 보면, 이것은 사람의 학문과 지혜에서 나온 책이 아니라 마치 창세기 전부터 지켜보던 어느 위대한 천사장이 기록하는 문서처럼 힘이 있고, 자세한 목격담처럼 기록되었다.

그래서 요한복음과 그가 쓴 저서들은 장엄함과 위대함을 느끼게 된다.

사도 요한은 세베대의 아들들로서 어부 출신이다. 당시에 많은 학문을 공부한 사람들이 아니다.

또한 서기관이나 바리새파의 출신이 아닌 평범한 중 상류 출신에서 자라난 사람이었다. 그런 그가 예수의 제자가 된 뒤부터의 그의 영성이나 그의 저서를 보면 우선 그 장엄함에 놀라지 않을 수 없다.

먼저 그의 저서를 소개하면, 요한복음, 요한1·2·3서, 요한 계시록이 있다.

요한복음은 창세기를 기록한 모세의 위엄보다 더 위대함을 느낀다.

창세기 1장 1절은, '태초에 하나님이 천지를 창조하시니라' 고 시작한다.

그에 반해 사도 요한이 기록한 요한복음 1장 1절을 보면, '태초에 말씀이 계시니라. 이 말씀이 하나님과 함께 계셨으니 이 말씀은 곧 하나님이시니라.'

창세기의 하나님이 이 지구의 시작을 밝히는데 반해 요한복음의 하나님은 지구가 아니라 우주의 근원에서 시작한 태초의 하나님을 소개하고 있다.

어떻게 지식이 깊지 않은 그가 이렇게 성서 시작의 어원을 그렇게 멀리까지 추론하여 시작할 수 있는가 하는 점도 매우 미스터리mystery 하면서도 그 놀라운 영감에 놀라지 않을 수 없다.

사도 요한의 위대함은 여기서 끝나지 않는다. 그는 전설적인 사도이기도 하다. 사도 요한도 다른 사도들과 같이 순교의 직전까지 끌려갔는데 도미티아누스 황제(A.D. 81~96)로부터 회심하도록 회유와 협박을 받았다.

당연히 회심을 거절하자 로마의 황제는 사도 요한의 목을 참수하였으나 그의 목이 베어지지 않아서 실패하였다고 전해진다.

그러자 이제는 그를 펄펄 끓는 기름 가마에 넣었는데 그곳에서도 사도 요한이 죽지 않는 것을 보고 마침내 죄수들의 유배지인 밧모 섬으로 유배를 보냈다고 한다.

사도 요한은 이곳에서 '계시록'을 완성하고 살아서 나와 90세까지 장수하다가 영면永眠하였다고 전해진다.

왜 유독 사도 요한만이 순교의 대열에서 제외되고 신비한 인물로 남아서 끝까지 교회를 지키며 성도들을 격려하다가 하늘 나라로 갔는지는 알려지지 않았다.

그래서 더욱 사도 요한은 위대하고 특별하다고 여겨진다.

그의 생애를 볼 때 그는 순탄하지만은 않았다. 다른 제자들보다 그의 사역이 남다르고 특별하다는 것만은 분명하다.

"베드로가 돌이켜 예수께서 사랑하시는 그 제자가 따르는 것을 보니 그는 만찬석에서 예수의 품에 의지하여 주님 주님을 파는 자가 누구오니이까 묻던 자더라

이에 베드로가 그를 보고 예수께 여짜오되 주님 이 사람은 어떻게 되겠사옵나이까

예수께서 이르시되 내가 올 때까지 그를 머물게 하고자 할지라도 네게 무슨 상관이냐 너는 나를 따르라 하시더라

이 말씀이 형제들에게 나가서 그 제자는 죽지 아니하겠다 하였으나 예수의 말씀은 그가 죽지 않겠다 하신 것이 아니라 내가 올 때까지 그를 머물게 하고자 할지라도 네게 무슨 상관이냐 하신 것이러라." (요 21 : 20-23)

이 본문에서 '사랑하시는 그 제자'라는 표현을 쓴 것도 자신의 이름을 암시하는 글로서 자신이 직접 표기하여 기록한 것도 참 재미있는 상황이다.

베드로는 굳이 직접 예수께 사도 요한의 거취를 확인한다.

베드로의 질문의 핵심은 이것이다.

"주님, 이 사람은 어떻게 되겠사옵나이까?" (요 21 : 21)

예수의 대답은 이렇다. "내가 올 때까지 그를 머물게 하고자 할지라도 네게 무슨 상관이냐." (요 21 : 22)

베드로가 말한 '이 사람'과 예수께서 대답하신 '그'는 바로 사도 요한을 두고 말씀하는 것을 보면 예수께서 함께 하실 때도 그는 종종 돌출행동을 하였고 특별대우를 받은 것은 사실인 것 같다.

이러한 사도 요한은 예수께서 십자가에 달려 돌아가실 때에 현장에서 예수의 어머니와 함께 있었다.

"예수께서 그 모친과 사랑하시는 제자가 곁에 서 있는 것을 보시고 그 모친께 말씀하시되 여자여 보소서 아들이니이다 하시고, 또 그 제자에게 이르시되 보라 네 어머니라 하신대 그 때부터 그 제자가 자기 집에 모시니라." (요 19 : 26-27)

이 사건부터가 사도 요한의 특별한 인생이 시작되었음을 의미하고 있다.

예수께서는 자신의 동생들도 많은데 하필이면 사도 요한에게 자신의 어머니를 부탁했는지 사도 요한도 일절 언급도 없고, 신약 성경의 어느 편지에나 글에도 나타나지 않는다.

다만, 전해오는 전설에 이르면 이렇다. 예수께서 부활하신 후에 다가올 대환란과 핍박을 예고하셔서 사도 요한에게 특별한 사명을 부여하시는데 다름이 아니라 자신을 낳은 생모인 어머니 마리아를 특별 보호하는 것이다.

분명 사탄의 공격은 자신을 낳은 생모 마리아를 농락하여 복음의 순수성과 능력을 훼방할 틈을 막기 위해 사도 요한에게 어머니를 의탁하신 것이다.

또한 이러한 사명이 사도 요한에게 주어졌기에 신비한 능력과 하늘의 지혜가 사도 요한에게 특별히 임재하신 것이다.

그리하여 사도 요한은 즉시 마리아를 예수의 동생들에게
로부터 인도하여 마리아가 죽을 때까지 초능력적인 보호 아
래 마리아를 보살피게 되었다.

성경을 자세히 보면, 하나님의 모든 사업이나 농사는 모두
여자들로 인하여 무너졌고, 사탄도 모두 여자를 통하여 훼
방하였음을 익히 잘 아는 사실이다.

아담의 처 하와도 그렇고, 노아의 처도 그랬으며, 롯의 처
와 말년에 딸들과의 음란한 씨로 인한 시험도 그러하다. 솔
로몬도 그의 왕비들이 우상 숭배에 빠져 그의 왕국이 분리
와 혼란에 빠지기도 하였다.

역시 사탄도 예수의 거룩한 사역에 결정적으로 시험할 유
일한 대상은 마리아이다. 또 마리아는 분명히 시험에 이용당
할 기질이나 성격이 있었다.

예수께서는 사도 요한을 택하여 그에게 마리아를 사탄의
시험으로부터 보호하는 사명을 맡겼던 것이다.

예수께서 부활하신 후 승천하시고 교회에 대환란이 와서 사도들이 순교 당하고 교회를 무너뜨리고자 했을 때 사도 요한은 어머니 마리아를 모시고 역사의 뒤안길에서 아주 잠적을 하였다.

긴 시간이 흘러도 요한은 나오지 않았고 마리아는 장수하였다. 그녀가 죽은 후에 비로소 사도 요한은 역사의 앞에 다시 나타날 수 있었다.

그때는 모든 교회가 대환란으로 소수의 지하 교회들만 남아있었고 자신은 밧모섬으로 유배 되어 마지막 서신을 계시받아 완성을 하였다.

사도 요한의 특별한 사명, 즉 어머니 마리아를 사탄의 핍박아래서 보호하는 것과 마지막 교회를 재건하는 중대한 사명을 받은 것을 알게 된 노老사도의 마지막 경전의 글들은 놀라운 광채를 발휘하지 않을 수 없었다.

오랫동안 고난을 받으며 산전수전山戰水戰을 겪은 사도 요한의 앞에는 수없이 많은 천사장들과 놀라운 영적인 거장들의 이야기를 들을 수 있었고 천지가 생기기 전부터의 계시를 꿰뚫은 통찰의 지혜를 가지게 된 것이다.

이러한 영성은 여지 없이 그의 편지에 나타나지 않을 수 없었으니 그 경전들이 바로 요한복음, 요한1·2·3서, 계시록이다.

그의 경전들을 보면 이것은 사람의 작품이 아니고, 신들의 작품이며, 신들의 호흡과 환상이 느껴지는 책들이다.
사도 요한이 기록한 책들을 보면 절로 그의 영성과 위엄을 느끼게 된다.

그의 영성은 평범함에서 오는 것이 아니라 오랜 인고忍苦의 고통을 감내하면서 쌓여진 내공이다 못해 영성으로 갖추어진 글이라 할 수 있다.

사도 요한의 위대함은 곧 사람의 승리요, 믿음의 사람의 유산이다.

31. 기리고 싶은 인물, 바울

사도 요한이 위대한 사도라고 한다면 사도 바울은 정말 가
깝게 지내면서 큰 형처럼 따르고 싶은 이웃집 아저씨 같은
인물이다.

사도 바울 또한 기독교의 위대한 인물임에는 틀림 없지만
이웃집 형님 같고 매일마다 연인처럼 보고 싶은 친근함이 배
어있는 인물이다.

사도 요한은 하나님의 집에서 커다란 기둥 같은 인물이라고 한다면, 사도 바울은 그 집안의 포근한 거실처럼 우아하고 섬세하고 세련미를 잘 갖춘 바로크의 화려한 실내 장식과 같다고 표현하고 싶다.

사도 바울이 아니었다면 성경의 내용은 투박한 느낌을 주고, 옛 그리스의 신화처럼 황당하다 못해 전설에 나오는 영웅담 같은 경전이 되지 않았을까 하는 생각이 든다.

사도 바울의 현실적인 이야기와 풍부한 예화는 성경을 읽을 때 현장감이 넘치게 한다. 나는 이 점이 매우 좋다.

해박한 지식을 갖추고 있음에도 그리스의 철학이나 로마의 다문화적인 복잡함이나 히브리인들의 특유의 보수적인 율법 전통에서 벗어나 단순화하여 이해하기 쉽게 설명을 전개하였다.

그의 논리는 힘이 있고 논리적이면서도 지루하거나 투박하거나 답답하지 않다. 쉽고 이해하기 쉬우며, 재미 있으며, 세련미가 돋보인다.

그의 설교는 교회당에 늙은 노인 목사의 지루한 설교처럼 들리지 않는다. 신선하며 웅변적이다가 유머러스하다.

어느 유명 대학의 정말 실력 있는 유능한 교수의 강의처럼 시간 가는 줄 모르는 재미를 느끼게 한다.

그의 편지를 읽다가 보면 애절하다 못해 비통함을 느낀다. 그러면서도 매우 희망적인 빛을 발견하고는 위로를 얻게 하기도 한다.

사도 바울이 없었다면 기독교의 성경은 빈약하다 못해 세상의 다른 경전들처럼 고루한 율법전서가 되지 않았을까 생각이 든다.
사도 바울의 해박한 지식, 그 분의 다양한 경험과 사랑을 바탕으로 한 위로가 용기와 희망을 불러 일으킨다.

가진 자로서 모든 것을 포기하고, 배운 자이면서도 겸손의 자세를 가지고 있으며, 솔선수범하는 그의 모습에서 지도자를 느끼고, 형님으로서 친근감까지 가지게 한다.

동양 철학과 불교의 교리에 심취한 '스티브 잡스'는 소크라테스와 한 끼의 점심을 할 수만 있다면, 자신의 재산을 다 주고라도 하겠다고 하였다.

내게 있어서 그렇게 대화를 하고 싶은 인물은 다름 아닌 사도 바울이다.

우리는 철학자 소크라테스보다 더 위대한 사도 바울을 로마서를 통하여 날마다 만나고, 그와 함께 산책을 하는 동행자가 될 수 있으니 그야말로 아름다운 축복이 아닌가?

그와 같은 인물이 한국교회의 지도자가 되고, 교회의 목사가 되고, 섬기는 자가 된다면 우리 교회 공동체가 얼마나 풍요롭고 아름다워질까 하는 생각을 한다.

아아, 사도 바울 선생, 그 분의 겸손과 청빈과 용기, 그리고 헌신을 생각하며 마음속 깊이 감사를 올린다.

이러한 인물을 불러내시고, 겸손한 인품으로 다듬어 우리에게 인도하신 주님께 진심으로 감사를 드리고 싶다.

32. 먹는 자에게서 먹는 것이 나오고 강한 자에게서 단 것이 나왔느니라

'먹는 자에게서 먹는 것이 나오고
강한 자에게서 단 것이 나왔느니라.'

– 삼손 (삿 14 : 14) –

이 글은 삼손과 블레셋과의 싸움에서 삼손이 블레셋 사람
들에게 낸 수수께끼로, '사사기 14 : 5-8'에 이에 대한 이야기
가 나온다.

"삼손이 그 부모와 함께 딤나에 내려가서 딤나의 포도원에
이른즉 어린 사자가 그를 맞아 소리 지르는지라 삼손이 여호
와의 신에게 크게 감동되어 손에 아무 것도 없어도 그 사자
를 염소새끼 찢음 같이 찢었으나 그는 그 행한 일을 부모에
게도 고하지 아니하였고 그가 내려가서 그 여자와 말하며 그
를 기뻐하였더라 얼마 후에 삼손이 그 여자를 취하려고 다시
가더니 돌이켜 그 사자의 주검을 본즉 사자의 몸에 벌떼와
꿀이 있는지라."

결국은 블레셋 사람들은 삼손의 여인 데릴라를 협박하여
그 비밀을 알아오도록 하였다. 데릴라는 이레 밤낮 동안 삼
손을 괴롭히고 울며불며 졸라서 그 비밀을 알아내었다.

삼손의 수수께끼는 구약의 사건에서 신약의 사건으로 이어
질 영적인 비밀을 담고 있는 비밀이었다.

삼손이 사자 새끼를 염소새끼처럼 찢어 죽이는 것과 같이,
장차 메시아는 사자(마귀)를 이렇게 죽일 것을 암시하는 것
이며, 그 죽임을 당한 사자의 몸에서 꿀이 나왔듯이 마귀를
물리치면 승리의 전리품을 얻는 것처럼 메시아(예수)는 사탄

의 모든 소유와 권리를 도로 찾아 옴을 의미하는 이 수수께 끼는 바로 그리스도인들에게도 동일하게 적용하게 된다.

그리스도인들도 세상의 강한 자, 곧 마귀의 유혹을 물리치면 승리의 전리품을 얻게 되는 것이다.

그 승리의 전리품은 세상의 재물이나 권세가 아니라 예수께서 얻으신 진정한 승리와 왕권을 회복하는 것처럼 그리스도인들도 하나님의 자녀가 되는 권세(요 1 : 12)를 소유함으로 커다란 보상을 얻는다는 것을 예시한 말씀이다.

이 비유에서 사자는 곧 이 세상의 신神이요 임금인 마귀를 상징(벧전 5 : 8-9)하는 것이며, 포도원(요 15 : 1)은 하나님의 교회를 의미하고, 꿀은 승리의 전리품인 기쁨과 상급(생명의 면류관, 크라운)을 말하고 있다.

이 수수께끼는 영적인 그리스도인들만 알 수 있는 하나님의 영적 비밀인 최후의 마귀의 멸망(계 20 : 10)과 예수 그리스도의 승리(계 19 : 15-16)를 말하는 것이다.

너는 장차 받을 고난을 두려워하지 말라 볼지어다 마귀가 장차 너의 가운데 몇 사람을 옥에 던져 시험을 받게 하리니 너희가 십일 동안 환란을 받으리라 네가 죽도록 충성하라 그리하면 내가 생명의 면류관을 네게 주리라. (계 2 : 10)

그러므로 정신을 차리고 마귀의 유혹과 세상의 유혹에 넘어가지 말고 근신하여 깨어 준비하자.

이미 승리한 전쟁에서 속아 패잔병이 되지 말고 말씀 안에서 굳건하게 서서 있자….

사명을 저버리고 데릴라의 유혹에 빠져 타락한 삼손은 블레셋인들에게 잡혀 조롱거리가 되어 하나님의 징계를 받게 된다.

Epilogue 에필로그

상상想像의 능력을 주신 하나님께 감사드린다.
상상력은 그 누구도 할 수 있지만 그렇다고 누구나 다 할 수 있는 능력이 아니다.

이러한 능력을 계발하여 성경을 상상하고 성경 속에 나온 인물을 만나기도 했다.

성경을 상상으로 보고 상상으로 깨닫게 된다면 우리는 많은 부분을 더 깨달을 수 있다.

상상력이란?
우선 마음 속으로 그림을 그리는 작업이다.

사실 백지에다 물감을 가지고 그림을 그릴 수 있는 사람은
훈련을 하고 교육을 받고 그려 본 사람만이 명화를 만들어
낼 수 있다.

상상력도 누군가에게 듣고 훈련을 하고 그려 보았을 때 비
로소 마음의 상상력도 그릴 수 있는 힘을 가지게 된다.

이제부터는 성경을 가지고 상상력의 훈련을 해 보자.
성경을 가지고 읽고 또 읽으며, 보고 또 보는 것이다.

읽혀지고 깨달아져서 읽고 또 읽는 것이 아니다.
먼저 읽고 또 읽으며, 보고 또 보는 것이 먼저이다.

훈련을 할 때는 시키는 대로 해야 한다.
계획을 가지고 해야 한다.
일정한 시간을 정해 놓고 해야 한다.

그리고 하면서 상상하는 것이다.
미리 상상하면서 훈련하는 것이 아니다.
먼저 몸을 움직이면서 상상 훈련을 하는 것이다.

그러면 훈련을 하면서 상상을 하기 시작하면 조금씩 조금씩 상상력이 그려지고 상상력이 그려진 만큼의 진도가 나가고, 나간 만큼의 영상이 보여진다.

상상은 먼저 하는 것이 아니라 성경을 가지고 먼저 읽고 보는 훈련을 해야 한다.

상상을 먼저 하게 되면 그 상상은 망상妄想으로 끝나게 된다. 왜냐하면 훈련되지 않는 상상력은 허공으로 날아가는 연기와 같은 존재이다.

그래서 성경을 빨리 보고 많이 보고 계속해서 보는 훈련을 성실하게 하다 보면 마침내 우리의 눈에 내성耐性이 생겨서 글자들을 잡아내기 시작한다.

그리고 그 글자들의 내용을 인식해서 우리의 뇌에 전송하면 우리는 순간에 섬광처럼 글씨들을 보고 이해하게 된다.

그 순간부터 우리는 자연스럽게 상상이 생기기 시작한다.

이렇게 상상력이 생기면 그것으로 윤곽이 생기게 되고 그림이 그려지게 된다.

상상력은 신神의 선물이다. 상상력은 공간과 시간을 초월하고 모든 힘의 근원을 파악할 수 있다.

실례로 든다면? 우리의 상상력으로 내가 지금 가고 싶은 곳을 생각해 낼 수 있다. 내가 가고 싶은 장소가 떠오를 때, 그 장소가 미국이든, 프랑스이든 시간이 얼마나 걸렸는가 생각해 보라.

소요 시간을 잴 수 없을 만큼의 순간에 상상해낼 수 있다. 이 상상력에는 시간과 공간이 존재하지 않는다는 증명이다. 다시 말해서 상상력이란 무한대의 속력과 능력이 내재하고 있음을 의미한다.

이러한 신적인 능력으로 성경을 상상해 보라. 그러면 성경 66권과 1,189장의 성경이 빛의 속도보다 빠른 무한대의 시간으로 순간적으로 섬광처럼 전체를 바라보게 된다.

비록 번개의 섬광처럼 순간에 보이는 영상이라 할지라도 우리는 놀라운 능력으로 성경을 보게 된다.

이 훈련을 계속한다면 성경의 수많은 이야기들을 한 번에 이해할 수 있고, 전체를 바라볼 수 있는 혜안慧眼을 가지게 된다.

이것이 상상으로 보는 성경다독의 핵심이다. 무엇이든지 처음부터 잘 되는 것은 없다. 그러나 상상하면서 긍정의 생각으로 바라보면 새로운 에너지가 발생되면서 새로운 성경의 세계가 열리는 것을 느끼게 된다.

독자 여러분도 어서 새로운 세계로 초대되기를 바라며 끝으로 이 책이 나오기까지 곁에서 아낌 없는 격려와 용기를 베풀어 준 아내에게 감사를 표한다.

2016. 1. 10 제주시 도평리에서

성경상상다독훈련원
聖經想像多讀訓練院

원장 김 용 호

빛으로 사는 이

김용호

내가 조각으로 부서질 때
그가 먼저 가루로 부서집니다

내가 가루가 되면
그는 먼지가 되어 피어 오릅니다

내가 먼지가 되면
그는 연기가 되어 산화합니다

내가 연기로 산화하면
그는 바람으로 변화합니다

내가 바람이 되면
그는 빛으로 반짝입니다

내 앞에 한 발
저만치 앞서 가시는 이

당신은 도대체 뉘십니까

깊은 고독

김 용 호

깊은 고독이라야
독을 씻어낸다

정신을 씻고
부정을 털어내는

고독이라야
맑은 영혼을 가질 수 있다

뼈를 녹이며
이빨의 치근을 녹이는

고독이라야
영을 씻는다

내 몸을 예리한 날로 베고
상처에 고통을 주는

고독이라야
나를 볼 수 있다

내 몸이
치를 떠는 고통이라야

내 몸이
마음을 여민다

나 자신도 모르게
악 소리 나는 아픔이라야

내 영이
각성을 한다

죽음

김 용 호

생生의 억만 겁에서
풀리는 날

성性의 질긴
거미줄에서 벗어나는 날

연緣의 책임에서
자유하는 날

지知의
연단이 끝나는 날

부富의 욕심에서
해방되는 날

색色의 유혹에서
벗겨지는 날

나를 아는 이들이
그토록 울었던 이유

243

생生의 억울함이
그토록 많아서였을 게다

헌승에서는 슬픔이
이승에서는 기쁨이

모든 책임과 고뇌와 유혹에서
자유가 되는 날

그날이 이 날인데
내 어찌 웃지 않겠는가

그래서 가만히
소리 없는 미소를 지으며

가만히 뒤꿈치 살짝 들고
조용히 떠나련다

날 보고 가지 마라 하지 마라
날 보고 웃지 마라 하지 마라

내 어이
이 기쁜 날에 미소 안 지으랴

내 어이
어서 빨리 가지 아니 하랴

자네들도 어서 빨리
내 뒤를 성큼 따라오소

와서 보면
나와 같이 하고 말테니

ㅋㅋ

상상으로 보는 성경

ⓒ 김용호 2016

인 쇄 일 : 2016년 1월 10일
발 행 일 : 2016년 1월 15일
지 은 이 : 김 용 호
발 행 처 : 이화문화출판사
　　　　　서울시 종로구 사직로 10길 17 내자동
　　　　　02-738-9880 대표전화
　　　　　02-732-7091~3 구입문의
　　　　　02-725-9887 팩스
　　　　　www.makebook.net

I S B N : 979-11-5547-196-8 03190
정 　 　 가 : 12,000원